电商经理的成长笔记

从新手到高手

纳兰 著

机械工业出版社
CHINA MACHINE PRESS

《电商经理的成长笔记：从新手到高手》讲述了作者从教师转型后成长为年薪百万的电商经理的历程和经验总结。在进入电商行业的 8 年时间里，作者做过运营、讲师、顾问，最后成为电商经理。作者将自己的成长路径、经验和方法进行整理提炼，以期能够让同行看到一个普通人是如何通过学习实现从电商小白到电商经理的进阶的。同时，本书能够让同行们从中或得到启发，或掌握技能，或取得提升。

全书分为五章，首先分享了作者的成长故事，讲述了她是如何从教师转型成长为电商经理的。其次，在电商经理必备的干货技能方面，介绍了电商经理必须具备的专业能力、管理能力，以及一套高效的电商运营方法。最后，作者梳理了电商经理应该拥有的人脉和资源，以及建立这些人脉和资源的方法。

图书在版编目（CIP）数据

电商经理的成长笔记：从新手到高手 / 纳兰著. — 北京：机械工业出版社，2022.8
ISBN 978-7-111-71408-8

Ⅰ.①电… Ⅱ.①纳… Ⅲ.①电子商务 – 经营管理 Ⅳ.①F713.365.1

中国版本图书馆CIP数据核字（2022）第149886号

机械工业出版社（北京市百万庄大街22号　邮政编码100037）
策划编辑：曹雅君　　　　　责任编辑：曹雅君　康　宁
责任校对：薄萌钰　张　薇　责任印制：郜　敏
三河市骏杰印刷有限公司印刷

2022年10月第1版第1次印刷
169mm×239mm・16.25印张・1插页・197千字
标准书号：ISBN 978-7-111-71408-8
定价：79.00元

电话服务　　　　　　　　　网络服务
客服电话：010-88361066　　机　工　官　网：www.cmpbook.com
　　　　　010-88379833　　机　工　官　博：weibo.com/cmp1952
　　　　　010-68326294　　金　书　网：www.golden-book.com
封底无防伪标均为盗版　　　机工教育服务网：www.cmpedu.com

前　言

提起笔为自己的第一本书写前言，我竟不知从何写起。或许是因为这是我的第一本书，所以我对它的感情既激动又谨慎。又或许是这本书勾起了我8年中的所有回忆，每一个已经尘封在记忆深处、我以为早已忘记的画面，一一浮现眼前，令我感慨万千。

2013年，我不顾所有人的反对辞掉了老师的工作，进入从未接触过的电商行业。我从一名电商小白成长为电商经理，自己开过网店，做过运营，当过店铺顾问，也做过讲师，最后成为一名电商经理。期间遇见的人，有的成了我的学员，有的成了我的客户，有的成了我的朋友，有的成了我的恩师。

其实，写书一直是我的心愿，因为所有的一切都会消失，只有文字可以一直存在。每个人的经验都是在从自己的角度看世界的过程中得到的，我想记录我的这些经验，让它们变成有价值的内容被分享出来。2021年6月开始，我停下了所有工作，花了298天完成了这本书的梳理和创作。

经过这么多年的发展，电商这个行业早已从新兴行业发展成为未来的重要行业。当行业变得成熟时，处在这个行业中的人也需要更加优秀。电商相关的职业在未来一定会非常有前景；企业对于优秀的电商从业者，尤其是运营人员的需求将会非常大。现在的企业，不管是纯互联网电商企业，还是线下品牌，都需要开拓线上业务。新冠肺炎疫情出现的这几年，人们也更加依赖网上购物。现阶段，高速发展的电商行业中优秀电商人才供不应求，很多电商公司创始人都觉得找一位合格的运营人员非常不容易，更不要说优秀的电商经理。这也是我决定写这本书的原因。

当然，我认为自己离优秀还有一段距离，但从电商小白到电商经理的这段时间里，我几乎踩过这个行业所有的坑，也打赢过这个行业里非常重要的战役。通过这些年的工作经验，我总结出了一套自己的电商运营方法，是一套从底层做到管理层得来的经验。现在的电商运营都是体系化的操作，运营人员只懂某一个平台的运营早已远远不够，因此我们要成为具有互联网思维的全平台电商运营人员。基于此，我对自己的经验和方法进行了梳理，形成了一套可学习、可操作、可复制的方法。希望这些毫无保留的分享，能给在读这本书的你哪怕是一点点的启发。

你或许是一名刚进入电商行业的新手，渴望快速全面地了解成熟运营人员需要掌握的技能；你或许是一名有多年工作经验的运营人员，想要储备更多的能力向更高的岗位迈进；又或许你已成为一名优秀的电商经理，想要与你的同行交流工作心得。那我可能要不谦虚地说，无论你处于哪一个阶段，这本书都能满足你。这本书里有运营人员需要掌握的专业技能，有成为管理者必须具备的管理技能，还有一些我在这些年整理出的可复制的工作模板和会议模板。我先在这里做如下概述。

1. 哪怕是电商小白，也可以通过学习成长为电商经理

一个人的潜能是可以被开发的。很多人会认为我大学的专业是什么，那么我的工作就必须做什么。其实并非如此。重要的是无论当下给你的工作是什么，你都能全力以赴地去完成，达到当下最完美的状态。

在未来，想要在任何一个行业站稳脚跟，都需要具备终身学习的能力。我学习的方式是，在进入一个新领域时，阅读关于这个领域的至少200本书。这样我才能了解新的领域，并提出自己的问题，才能带着我的问题去请教领域里的专业人士，然后再系统化地学习优质的课程。在具备理论基础后，我一定要找各种机会实践，并不断地复盘、反思、总结。

2. 电商经理不仅要有过硬的专业技能，而且要有较强的管理能力

现在的电商运营都是体系化的操作，不只是限于某个平台。电商行业的从业者也是如此，流量在哪里我们就要去哪里。因此，电商经理要通过过硬的专业能力去发现各平台运营的底层逻辑，并带领公司拓展各平台的生意。而带出一支能够高效运转的团队，就要靠电商经理的管理能力了。那么，电商经理需要具备的专业技能和管理能力包含哪些呢？在这本书里，我一一进行了详细的讲述。

3. 这个世界从来不缺理论，我们需要的是可实操、可复制的工作模板

在这些年的工作中，我为自己总结了很多工作模板，原本只是为了让自己和团队的工作能够更高效，但在写作本书的过程中这些模板成为我自认为书中最精华的部分之一。我将这些模板放在了第4章，大家也可以通

过我的微信公众号"电商经理成长笔记"下载。只要稍加改动,它们就能为你的工作带来很多便利。

事实上,这本书里所有的经验靠我的一己之力是无法形成的。在这里,我想感谢我人生中的三位导师,他们分别是一洋电商创始人刘永刚老师,青年作家、青创品牌创始人张萌老师,FFAN品牌创始人张敬军先生。如果把这将近9年的电商之路看作是我的一段人生,那他们就是出现在我人生不同阶段的贵人。

在我对电商行业迷茫困惑的时候,是刘永刚老师让我理解了电商的本质,明确了自己日后的发展方向;在我已取得一点点成绩、想要冲破瓶颈的时候,是张萌老师让我转变了自己的商业模式,也养成了更高效的工作习惯;当我想要挑战更大的舞台时,是张敬军先生成就了我,让我成为一名合格的电商经理。正因为遇到了这三位导师,我才能拥有现在的心得与经验,也才有这本书的诞生。

不管你是刚进入电商,和曾经的我一样迷茫的小白,是已经工作多年想要突破的运营人员,还是已经成长为一位非常优秀的电商经理,我都想通过这本书和你对话。它或许会让你有所收获,或许会让你有些感触,又或许可以让你在努力的路上觉得并不孤单!

纳兰

2022年3月25日晚　于家中

目 录

前言

第 1 章　电商经理从新手到高手的成长之路

不被理解的抉择——辞去国家在编教师开网店 / 002

遇到不靠谱代运营——3 个月客服都没上线 / 004

半年亏光 50 万元——完美团队却以失败告终 / 006

从头学运营——3 个月学完 1500 节课、读完 200 本书 / 009

总结经验重新操盘——店铺操盘实战完成年销售额 2 亿元 / 011

创办电商培训公司——指导 100 多个学员店铺获利过亿 / 013

业内小有名气——受邀成为顾家家居电商指导顾问 / 015

转换新赛道——成为电商职业经理人 / 017

第 2 章　具备这些电商专业能力，你才能成为合格的电商经理

选品能力——产品为王，分析市场搭建产品体系 / 024

　　分析潜力爆款产品的能力 / 025

　　分析产品市场容量的能力 / 027

　　　　分析产品竞争环境的能力 / 031

　　　　分析产品细分人群的能力 / 035

　　　　分析产品竞争空间的能力 / 037

引流能力——流量布局，全渠道各平台进行引流 / 038

　　　　平台流量入口——认清各平台流量渠道 / 038

　　　　分析平台流量逻辑——掌握各平台流量算法 / 040

　　　　平台流量引进——获取平台流量三要素 / 046

　　　　短视频流量玩法——影响短视频的流量因素 / 063

　　　　直播间流量玩法——影响直播间流量的因素 / 067

转化能力——做好产品表达，让客户下单成交 / 072

　　　　产品详情页逻辑梳理能力 / 073

　　　　SKU 布局营销策划能力 / 075

　　　　页面结构分类和页面布局能力 / 077

　　　　提升客单价，客服的追销能力 / 079

　　　　客服的转化能力 / 081

　　　　直播策划销售能力 / 083

维护能力——客户维护，让客户好评持续回购 / 090

　　　　客户售后——客户售后服务能力 / 090

　　　　客户入库——客户入库规划能力 / 095

　　　　客户留存——客户社群运营能力 / 099

　　　　客户裂变——客户裂变营销能力 / 100

目 录

第 3 章　具备这些电商管理能力，实现从新手到高手的突破

品牌定位——建立品牌在消费者心目中的认知 / 106
　　什么是电商品牌定位 / 106
　　为什么做电商品牌定位 / 109
　　怎样做电商品牌定位 / 114

团队建设——打造高效的电商自动化运转团队 / 119
　　组织架构——环环相扣的电商组织架构 / 119
　　绩效设计——电商公司自动化绩效方案 / 148
　　团队协作——形成统一标准化流程管理 / 156

商业模式——拥有分析商业模式的能力 / 159
　　了解商业模式有多重要 / 159
　　找到最适合的商业模式 / 162
　　商业模式在计划中的应用 / 165

财务管理——财务思维是电商经理的必修课 / 168
　　电商经理必须掌握三个电商公式 / 168
　　电商经理必须看懂三张财务报表 / 170
　　电商经理必须了解三个税务常识 / 185

第 4 章 掌握可复制模板，让电商经理工作事半功倍

可复制的年初规划——以终为始制定方向一致的战略规划 / 198

可复制的月行事历——根据全年工作规划制定 12 个月行事历 / 206

可复制的月度复盘——通过月复盘反思总结并计划下月工作 / 209

可复制的工作周报——通过写工作周报进行一周工作反思 / 214

可复制的工作日报——通过写工作日志反思提升工作效率 / 217

可复制的年终复盘——对照规划闭环思维去进行年终复盘 / 221

可复制的节奏图表——利用甘特图对项目进行节奏把控 / 224

可复制的会议模板——让会议有效、高效进行并达成会议目标 / 227

可复制的公司内训——通过培训帮助同事提升，发现更多可能 / 230

可复制的面试模板——熟悉公司基层人员招聘面试流程 / 235

第 5 章 构建和维护社会资本，让电商经理工作如鱼得水

平台资源——合理利用平台资源产生价值 / 240

突破圈层——突破圈层能带来的社交价值 / 242

人脉维护——维护人脉，建立有价值的社交 / 246

第1章
电商经理从新手到高手的成长之路

不被理解的抉择
——辞去国家在编教师开网店

我 25 岁那年,纸质媒体还没有受到新媒体的冲击,我还保持着每天看报纸的习惯。会想到考国家在编教师,是因为《富阳日报》上的一则教师事业编制的招考信息。

教师这个职业对于女性来说,算得上完美——工作稳定、有寒暑假,有了孩子后,不仅上班时间能和孩子同步,而且孩子上学基本没有问题。况且,那次招考还是国家事业编制,可以说诱惑力极大。所以,虽然那次招考是 300 个人抢 5 个岗位,录取比例只有不到 2%,我还是决定参加考试。

考试远比我想象的要难。准备考试的那段时间,我每天晚上 11 点睡、早上 3 点起,足足坚持了 315 天。最后,我以全市第一名的成绩被录取。

之后,我被分配到一所农村小学,开始了我的教师生涯。那个时候,我认定自己会当一辈子老师。

每天两点一线的生活,备课、上课、批改作业、组织各种班级活动。一晃就是 5 年,我也从未感到厌倦。不过这 5 年里,让我最有成就感的事,并不是带领孩子取得的成绩,而是重整了学校的图书馆,让全校师生有了可以看书、借书的地方。

由于我进校的时候,学校刚合并不久,图书馆虽然有很多书,但这些书很杂很乱,没有被整理过,也没有编好编号。我看着这些书每天躺在图书馆里布满灰尘,实在心痛。所以我想都没想,就向孙校长申请承担管理图书馆的工作。因为这项工作任务繁重,孙校长找来即将退休的邵老师协助我。于是,我每天利用课余时间和邵老师一起整理图书。

每天,我们都会坐在图书馆里,闻着书本的味道,把每本书上粘的旧编号撕下来,然后再把重新分类好的新编号贴上。渐渐地,图书馆里满是灰尘的、摆放凌乱的书越来越少,更多的书被有序地摆在细心擦拭过的书架上。虽然还没全部整理好,但图书馆已经可以开始"营业"了。

由于图书馆不大,加上我还有课要上,不能每天在图书馆,因此我就想到按年级分时段借阅。我印象最深的是,一到借阅时间,就会有一个个小脑袋出现在门口,焦急又有序地等着借书。慢慢地,开始有很多老师来图书馆借书。我除了做好登记工作,还会给他们推荐书,顺便把他们需要但图书馆没有的书记录下来,等下一次增添书籍的时候,优先采购。

为了更大程度地扩充书籍数量,我还联系了一些捐赠书籍的机构,把图书馆里书籍的数量从 4000 册一下扩充到了 7000 册。书越来越多,图书馆已经不够用了。为了让孩子们在校阅读的时间长一些,我申请把图书馆旁一个空置的实验室作为阅览室。记得阅览室刚开放的那天,好多师生都来了,整个阅览室里坐满了人。

也是在这 5 年里,我多了一个身份——母亲。孩子出生后,我一边工作,一边照顾、教育孩子。日子虽然平淡,但很充实。

不过,人生好像总喜欢在你认为应该就这样了的时候,突然给你出道选择题。丈夫在杭州的事业越做越好,我也面临着是继续两地分居还是辞职去杭州的选择。做这个选择,并没有花太长时间。虽然我舍不得教师这个职业、舍不得孩子们,但对于我来说,完整的家庭比什么都重要。

虽然决定了去杭州,但不做老师能做什么,我真的不知道。丈夫是做服装生意的,那时我能想到的,也就是和服装有关的事。2013 年,刚好是淘宝兴起的时候,我想或许可以试着开一个网店,帮助一下丈夫的服装生意。

放着有国家事业编制的老师不做,稳定的收入、可以照顾孩子的寒暑假不要,跑去开网店。父母、朋友全都跑来劝我,但我还是义无反顾离开富阳,去了杭州。

那时的我,在他们眼里变得陌生,他们想不到一向只求安稳的我,会做出这么疯狂的决定。那就让我疯狂一次吧!虽然心里很忐忑,但也对这个未知的城市和未知的领域充满了期待。

遇到不靠谱代运营
——3 个月客服都没上线

背负着各种不解和压力,来到一座对我来说完全陌生的城市,说不慌是假的。但迷茫也好,焦虑也罢,赶紧找到方向开始,才是当下最重要的事。

丈夫的公司已算成熟,不需要我帮忙打理。由于在服装方面有一些资源,电商刚好开始流行,杭州又属于女装产业带,我就跟风开了一个女装天猫旗舰店。

在等待天猫旗舰店审核资质的时间里,我也不想闲着,决定先开个淘宝店练练手,等天猫旗舰店完成审核的时候,也能有些经验积累。

那时的我,连电商小白都不算,对运营更是一窍不通。想招人,可招什么样的、应该提哪些要求、起步期人员怎样配置、薪资待遇怎样才合理，我压根不懂。思来想去决定把专业的事情交给专业的人，找一个代运营公司，一来让淘宝店尽快步入正轨，二来我也能跟着一起实操学习。

一番挑选后，我找到一家看起来非常专业的代运营公司。第一次见面，接待我的女经理说话落落大方，也能看得出做事很干练。她先是带我参观了公司，向我介绍了公司拥有的资源以及庞大的客户群和专业的团队。

后来，女经理又带我和运营总监碰头。这位总监话不多，进来后打开一个非常专业的 PPT 直奔主题，帮我分析了女装市场，向我展示了成功案例。正是这位运营总监让我看到了成功的希望，决定店铺代运营非他做不可。

最后，我和这家代运营公司签订了一年的协议，并一次性支付了半年 6 万元的代运营费用。签完合同的那天，是我到杭州最开心的一天。一切都已顺利步入正轨，成功指日可待。

梦想破灭是在一周后。我满怀期待地去和运营总监碰面，结果来的却是一位我从未见过的运营。后来女经理告诉我，我签的合同是普通合同，如果想要运营总监负责我的店，服务费要 50 万元一年。同时，女经理宽慰我，说和我对接的运营人员操盘也很厉害。可听到这位运营人员在同时做着 6 个店时，我隐隐觉得不太对劲，并反复和女经理确认运营人员是否有足够的精力接我这个店，她很肯定地向我保证没问题。

虽然有些忐忑，但淘宝店总算开始运营起来。因为有代运营在打理，所以我的主要精力就放在了天猫旗舰店的前期准备上。商标资质、店铺申请资料、新品拍摄、Logo 设计等，忙得焦头烂额。等我想到看一下淘宝店的经营状况时，已经过去了 3 个月。这时我才发现，别说经营，这 3 个月淘宝店的客服一次都没上线过。

我冲到代运营公司找他们理论，最后只拿回了一小部分钱。但对于我来说，金钱的损失不是最重要的，最重要的是浪费的时间。

淘宝是一个没有硝烟但厮杀异常惨烈的战场，时间就是一切。

半年亏光50万元
——完美团队却以失败告终

3个月，淘宝店还没开始就失败了。此时，天猫旗舰店刚好申请成功。有了上一次代运营被骗的惨痛经历，这一次我无论如何都要拥有一个完整的团队。

我配置了一名有多年服装运营经验的资深运营人员，一名有想法、能力强的美工，一名运营助理，两名售前客服，一名售后客服，一名仓储发货人员，一名买手型女装设计师，一名发单跟单员。就这样，我配齐了一个成熟店铺需要的所有岗位，自己担任CEO。

天猫旗舰店的第一次上新，刚好是9月，正值"金九银十"旺季开始，一切进展得非常顺利。

店铺里的所有产品都是前期在韩国选款回来打版设计的，款式非常时尚。因为没有自己的版房，所有的衣服都要交给外面的打版师，所以研发成本相当高。但为了店铺能以一个品位与品质兼具的形象出现，我认为这些投入是必需的。

产品确定了，接下来就需要一个可以完美展现产品的模特。经过几轮挑选，我敲定了一名偏韩系风格的模特，一来符合产品的调性，二来那时韩系风格的模特很流行。我还特意找来一位圈内非常有名的摄影师，拍摄场景也是现在很流行的高颜值咖啡馆。出片的品质和搭配都很出彩。完整的团队、出色的模特和摄影师、"金九银十"的上新时间,天猫店的开始可以说非常完美。

衣服上架不久,一款宽松毛衣月销突破1000件,成为店铺小爆款。没过多久,第二个小爆款又出现了,一件高领内搭款毛衣的月销突破了1500件,和它搭配的皮裤月销也突破了500件。这个套装的利润很高,因此我把这个套装的利润拿出来,追加宽松毛衣的返单。一直到国庆假期,这几款产品的销量还在上涨。第一款毛衣月销突破了2000件,第二款突破了3000件。

这让我很欣慰,我觉得之前的教训和经验都是值得的,让我在这一次可以做出对的选择。令我万万没想到的是,国庆假期结束的第一天,一连串问题相继爆发!由于实物颜色和图片有色差,店铺开始收到大量差评。同时,货期的问题也随之而来。

下半年是所有工厂的旺季,刚好那一年秋冬季突然降温,产品供不上,那时淘宝也没有预售,必须3天内发货。这就导致第一个小爆款宽松毛衣出现问题。

这款毛衣是秋款,可当我追加返单、货全部做好的时候,已经到了冬季。进入冬季后,宽松毛衣不好套外套,这款毛衣的退货率瞬间增加。同时,需求量大的高领内搭款毛衣又因为第二批次的紧密度没有核准,和第一批的质量相差太大。因为要赶进度发货,我们只能临时换成现货纱制作,而现货纱又来不及检测,直接返单,导致出现密度和掉色问题。第二个爆款因为质量问题,又增加了大量的退货和差评。

就在此时,我们上新了一款棉服。这款棉服也是在韩国买的羽绒服版,款式放在现在依然时尚,还有女生无法拒绝的泡泡袖和大毛领。模特图片更是出彩。我当下决定,这款棉服用2种面料做3个颜色,有18个SKU,比常规一种面料的款多了9个SKU,定价499元。

棉服上架后，反响很好。我不想再因为发不出货错过时机，所以就联系了一些大型加工厂，上了棉服的生产流水线，这样一方面成本更低，另一方面大型加工厂比小型加工厂更专业，但有一个起订量——必须1000件，这一款的压货资金就是25万元左右。制作的时候，因为要等超大毛领到货，又耽误了些时间，最后变成货期和售期赛跑。产品完成时，时间节点又晚了。这时市场上羽绒服大量上新，棉服的销量随之下降。而且原本是亮点的泡泡袖，也因为不是常规款，很挑人，产生了大量的退货。

为了能清掉压货，我开始降价销售。谁知这一举动引来很多之前购买的买家要求退差价。雪上加霜的是，因为心急想要清理库存，我设置了优惠券，同时参加官方活动时又设置了满减，优惠重叠又被不法分子钻了空子，对我进行敲诈。

开天猫旗舰店的那半年，虽然我每天没日没夜地工作，努力地解决一个接一个的问题，但还是失败了。35万元的库存加上其他成本，半年时间，我亏光了50万元。

接二连三的问题把我打得节节败退，我甚至开始怀疑自己不适合在淘宝创业。但既然选择了这一条路，就不能轻易认输！我对整个过程进行了复盘，总结出三点失败的原因。

第一，欠缺运营的系统知识和经验，自己的能力很难管理和把控一个电商公司。所以当问题出现后，容易自乱阵脚，无法做出准确判断。

第二，凭自己的喜好决定上架产品。没有经过深入的市场分析，不了解买家需求与喜好，一味追求高端、品质，以自己的喜好决定产品，最后导致退货率飙升。同时，旺季一到，产品供应跟不上，产品销量增加后，发货跟不上，导致退货和差评。

第三，没有做成本预算。一开始就做了高级别的团队配置，人员工资每个月就是一大笔支出。再加上买样、打版等费用也很高，导致店铺只有一两款产品盈利，其余产品均在亏损。最后核算下来，亏损的金额对于初创电商公司来说触目惊心。

从头学运营
——3 个月学完 1500 节课、读完 200 本书

既然已经失败了，那我至少要让失败有价值。在彻底复盘两次失败过程后，我发现，最关键的问题还是在运营端。不懂店铺运营，想要成功是不可能的！

运营真的这么难吗？我一定要试试看！那个时候不像现在，到处都是教运营的培训机构。那时想学只能去淘宝大学。淘宝大学的课程分为官方课程和入驻淘宝大学的电商培训机构的课程。

刚开始的时候，我听了很多电商培训机构的课程，其中有一节让我印象深刻。这是一节数据分析课，内容大概说的是，淘宝刚兴起的时候，很多成功的运营并不是因为运营技能有多好，而是通过各种手段把数据做漂亮，然后投放"直通车"，就很容易做起来。但这只适合淘宝刚兴起，商家少、产品少的时候。随着入驻淘宝的商家越来越多，竞争也越来越激烈，前期的红利基本消失，淘宝也基于数据和算法变得更加人性化、智能化，所以就要回归到做生意的底层逻辑了。

在商家多、产品多、同质化越来越严重的情况下，如何让买家找到我、如何展现自己的优势卖点、如何让买家愿意在我们的店铺下单，这一切都基于全面的数据分析。

听完这节课，我立刻报名了这家培训机构的课程。当大多数人在拼各种技术手段和漏洞的时候，一洋电商的课程在讲做生意的底层逻辑、在研究买家。

当时一洋电商的所有课程都是创始人刘永刚老师录制的，一共有200多节。这200多节课我反复听了1500次，并做了详细的笔记，记录下所有问题。

同时，我一箱箱地买书。只要和电商相关的书，不管好坏都买。用了3个月时间，我听完了1500节课，看完了200本书。我终于有点开窍了。我能提出运营方面的问题了，也开始自己操盘店铺了。

我如饥似渴地向身边各个行业的电商实战大咖请教，整理自己的学习笔记，并打包发给刘永刚老师，并表示想要当面向他请教。

幸运的是，大咖们都很乐于把经验分享给我这个运营小白。在我发出学习笔记后不久，刘永刚老师回复了我，安排了一次见面。

这是我第一次去石家庄，到一洋电商的时候，是另外两位老师接待了我。我激动又紧张地等待着刘老师。终于见到刘老师了，我迫不及待地向他请教记录好的所有问题，刘老师也一一为我解答。

从石家庄回到杭州后，我一边继续学习，一边用学到的方法去操盘自己的天猫旗舰店。首先把库存销完，然后压缩人员，最后才想怎么盈利。就这样运作了一年，天猫旗舰店终于盈利了。

但就在这时，我的父亲病了，需要我照顾。但运营女装店，款式和供应链要投入大量精力，很难兼顾。所以不得已，我只能关闭天猫旗舰店。

天猫旗舰店关闭后，我找到一份只需一周去一次公司的运营操盘工作。这期间，我操盘了一个居家布艺店、一个五金店、一个家具店，还有一个食品店。让我自豪的是，这四个店铺都成功了。

这个经历也给了我和之前完全不同的经验和体会。我之前每天操作自己的女装店，对其他类目完全不了解。这次同时操盘四个不同类目的店铺，让我对不同类目有了了解。期间也遇到各种不同的问题，这些都促使我不断学习、总结、反思，最后形成了一套自己的运营方法。

每一次取得一些小小的成绩，我都会第一时间和刘老师分享，因为我所有的经验和方法都是基于一洋电商的课程体系。有一次，刘老师突然问我，愿不愿意给同学们讲课，把自己的方法分享出来。我觉得很荣幸，也很开心，因为我的方法都是基于一洋电商的课程体系，刘老师是我的恩师，而我也很乐意分享。

就这样，我一边操盘，一边通过讲课整理输出。操盘的成绩、同学们的反馈，让我越来越有信心。于是，我向自己向往的公司投出了精心准备的简历……

总结经验重新操盘
——店铺操盘实战完成年销售额 2 亿元

没过多久，我收到了如涵控股旗下的杭州涵意电子商务有限公司（以下简称"如涵"）的面试邀请。

面试一共进行了三次。第一次是人事部门的面试，了解我的一些基本情况。原本是希望我去数据开发部门的，但经过一些更深入的了解，发现网红电商部更适合我，所以当时由电商部的黄经理面试了我，问了一些我过往的工作经历后，让我回去等通知。

大约过了一周时间，如涵安排我进行第二次面试。这次面试我的，正是如涵的创始人冯敏先生。如涵从2016年开始进入高速增长期。冯敏先生向我提了很多运营层面的问题、整个淘宝的行业问题，以及淘宝运作的底层逻辑问题。面试进行得比较顺利，最后，冯敏先生让我针对张大奕的店铺进行分析，针对发现的问题给出解决方案，并用邮件形式发给他。

因为不能进入店铺后台，我只能使用能看到的店铺数据和竞店数据进行分析。虽然那时张大奕的店铺就已经做得很好了，但网红电商作为一种新的商业模式，依然存在一些问题。尤其是在可观的销售额、利润和粉丝数量之下，容易忽视店铺运营方面的问题。但店铺运营又是店铺发展到最后需要比拼的硬实力，也是真正的内功。

这个时候淘宝开始重视内容运营，鼓励商家布局自己的微淘。因此我就从微淘运营方面入手，给出了整体分析及解决方案，并用思维导图的形式发给冯敏先生。

一周后，我如愿加入了如涵。由于张大奕的店铺人员已经齐全，我就成了冯敏先生亲自带的另一个网红店铺——大金店铺的运营负责人。

在运营大金店铺的时间里，CK是影响我最深的人，也是后来我很想要成为的人。当时公司的几十个网红店铺的运营板块全部由CK负责，如涵每个月都会进行一次大复盘，这个复盘会就由CK负责。

几十个店铺的店长、运营负责人加起来近100人全部参加，汇报当月的业绩。CK会针对每个店铺进行点评，每次的点评也都十分到位。对于发现的问题，他会刨根问底，直到找到问题的根源才肯罢休。所以，大家开复盘会的时候，都是战战兢兢，祈祷着不要被CK骂。毕竟，CK很少表扬谁，不被骂就已经很幸运了。

但我却在一次复盘会上，得到了CK的表扬。当时我通过SEO搜索引擎对一个上新后日销不多的产品进行了标题优化，之后数据一路飙升，光是这一款产品，每天就为店铺带来 2 万免费流量。当我说到这一点时，CK 注意到了。他表扬了我，并说如果一个流量的 PPC（Pay Per Click，指按点击付费）是 1 元，那 2 万个流量就是 2 万元；即使一个流量的 PPC 只要 0.5 元，也要每天花 1 万元的营销费才能得到 2 万流量。后来，CK 还特别让我针对搜索引擎流量的优化，在内部做了一个分享会。

因为规划是我的强项，所以在负责大金店铺期间，我为店铺量身定制了年度规划。这个年度规划模板直到现在依然在使用，这个规划模板我也放在了第 4 章。

那一年，我们团队将大金店铺的 GMV 定为 2 亿元，并按照规划完成了这个目标。如涵是将网红电商这个商业模式运用得非常多的一家公司，因为这个商业模式本身是先进的，也没有太多的参考，所以公司形成了一种文化，就是复盘 + 分享。这些是让我至今受益的习惯。

在如涵工作的同时，我一直在一洋电商免费分享自己的运营经验，课程受到了刘老师的认可和同学们的欢迎。后来一洋电商要在杭州设立培训点，我很幸运地拿到了授权。2017 年，我离开如涵，成立了自己的培训公司。

创办电商培训公司
——指导 100 多个学员店铺获利过亿

我给公司取名为"谷小谷网络科技有限公司"（以下简称"谷小谷"），希望自己和所有电商人的努力，都能获得大丰收。

我把公司的业务线分为两条。一条服务于中小淘宝商家，另一条服务于企业内训。2017年，一洋电商的创始人刘永刚老师在全国巡回召开交流会，首站就在杭州。作为一洋电商杭州站负责人，我承办了这次活动。之后在其他地方的交流会，我也都会到场。每一场交流会，我都能结识近百位学员。

在线上培训业务方面，我为了突出自己的优势，做好自己的差异化卖点，推出了"钻石展位"（简称"钻展"）、"超级推荐"和"直通车"三大课程。我在这些课程里融入了自己所有的工作经验：网红店和几乎所有类目店铺的操盘经验；累计投放金额过亿元的投放经验；成功经验的总结、失败教训的复盘……

当我把这些融入这三大课程中推出后，课程受到很多同学的欢迎。当时一套"直通车"的首次直播课当天就为我带来了近5万元的收入。而同学们也很习惯在遇到相关问题的时候，第一时间想到我。

谷小谷在这样的经营模式下有序地运转着。2019年4月，机缘巧合下我有幸结识了青年作家、青创品牌的创始人张萌老师。结识张萌老师后，她便成为继刘永刚老师之后，我的另一位人生导师。

是张萌老师让我懂得，一定要学会打造自己的个人品牌，发现自己的优势，并努力成为业内TOP级别的专家。通过学习张萌老师的课程，结合张萌老师后来给我的关于商业模式的建议，我重新对自己做了一个IP定位。

那么多培训老师，如何让学员一下子记住我？我需要有一个标签，需要有一个人设，需要有一个个人品牌的定位。于是我开始向学员展现我的工作成果和生活中的我。

2019年，无论工作多忙，我都一定会参加刘永刚老师组织的线下交流会，这一方面是为了提升自己，另一方面则是因为可以和学员面对面地交流，让更多人认识我。

因为白天要处理公司的运营业务，所以我总是每天早上 4:50 起床研发课程，工作 4 个小时后，9 点去公司上班。

当我选择把"早起"作为我的一个标签后，我就每天把早起打卡发到朋友圈，并创建了第一个早起群。当越来越多的学员看到后，两周时间里，我又创建了第二个、第三个、第四个早起群。

接下来，我又创建了自己的电商交流圈子群。只有付费学员可以加入这个群，每个月我都会邀请圈内外的朋来分享和电商相关的话题。

此外，我还建立了刘永刚老师课程同步群，将刘老师的四十八招进行深度拆解，结合实操经验，分享给学员。

虽然这 6 个群的创建目的不同，但在每一个群里，我都要求自己做好榜样。这一年，我最大的体会就是，毫无保留的分享可以让自己收获更多。

我需要不断学习丰富自己，才能分享更多有用的信息；当我分享的信息为学员创造了财富，这份欣慰又会鼓舞我更加努力地学习。

2019 年"双 11"期间，我帮助一位学员在 4 个月内，以 10% 的营销费实现营收 1000 万元，获利 400 万元。2019 年一年，我指导了 100 多个学员的店铺，总计获利过亿元。而我自己也实现了我的年收入目标。

业内小有名气
——受邀成为顾家家居电商指导顾问

除了提供针对学员商家的运营服务以及研发总部的推广系列课外，我还为企业担任电商顾问。电商顾问分为两种形式，一种是企业培训＋顾问的形式，另一种是只做顾问的形式。

深圳一家 3C 数码公司的主要产品是自拍杆和直播设备，公司旗下有 5 个天猫店。我主要负责该公司整个电商团队的培训和顾问指导。

我将其电商部细分为运营部、商品部、策划部，所有的培训由人事部协助我进行。我针对这三个部门进行了课程设计，每个部门都有各自的课程表，并在培训前一周接受基础测评。测评试卷是我出的，基础测评要达到 80 分才能学习正式课程。

开第一次动员大会时，我简单介绍了自己的工作经历，并跟大家分享了我的早起习惯以及早起时间的分配。我要求大家也加入早起群，并且在群里打卡，每周还会公布自律达人。同时我把上周工作复盘定在每周二的晨会。

这项工作其实是我临危受命的，好在经过一周的调整，大家的积极性被彻底调动起来了。根据每次的考试成绩，我会给前三名颁奖，分别是状元、榜眼、探花。这三名小伙伴除了可以得到证书以外，还可以单独问我一个问题，问题不只限于运营学习。我会单独与他通话 5 分钟，解答他的任何问题。而不及格的小伙伴必须要重新学习再考试，才能进入下一阶段的学习。

经过 3 个月时间，我带领这个公司的三个部门完成了系统的运营课程体系的学习。我想他们的收获不仅仅是系统化的知识学习，更是行为习惯的改变和积极性的调动。我受到了公司创始人的一致认可。

另一次偶然的机会，我成为顾家家居旗舰店的运营顾问。顾家是全国知名品牌，也是我个人很喜欢的品牌。

我在顾家家居主要负责的是爆款项目组的运营指导，全程不参与任何操作。当时针对一款床垫，我从标题、主图设计、详情设计、买家秀等方面入手进行策划，然后指导爆款项目组的小伙伴将这款产品做成了爆款。

之后，我把整个策划过程用课程的形式分享给顾家家居运营部的同事。

如果一直这样发展下去，我的公司应该会越来越好。但人有时真的很奇怪，偏偏不想走容易的路，就想要经历各种未知与挑战。

回顾自己创办公司的那几年，我发现自己更多的是在帮助他人成长、成功，虽然也很有成就感，但似乎忘记了自己想要成为怎样的人。

有一天，我想起了CK，就是在如涵遇见的让我很想成为的那个人。随后一个想法突然浮现于脑海，并久久挥之不去。这个想法就是：我想去一个更大的平台，成为自己想要成为的人。

转换新赛道
——成为电商职业经理人

当我在一个赛道成功后，就开始渴望更大的平台。或许，我从骨子里就热爱突破带来的幸福感吧！2020年，我成为了FFAN品牌公司的副总经理。不过这都是后话了。

早在2019年4月，我就认识了FFAN品牌的创始人张敬军先生。那是我第一次去FFAN面试，在第三轮面试时我见到了张敬军先生。他没有和我聊运营层面的问题，而是问了一些我对于公司后续发展的想法。当我们聊到整个公司架构的时候，我发现整个架构里并不需要我（当时我面试的是运营总监岗位）。加上那时FFAN公司在宁波，而我住在杭州，即使去宁波上班，也需要每周回杭州。而且网红模式的电商女装公司工作节奏非常快，所以时间上也并不合适。

虽然没能合作，但我和张敬军先生还是保持着偶尔的工作交流。直到

FFAN 搬来杭州，需要一位副总经理（专门负责电商事业部的经理），张敬军先生联系了我。这次，我荣幸地加入了 FFAN 这个大家庭。

2020 年 8 月 12 日，我正式入职 FFAN，在熟悉了整个公司的框架和运作后，我对自己提出一个要求——每天早上 6 点必须准时出现在办公桌前。

早上 6 点到 9 点这段时间，我会做大量的分析和思考，迅速了解公司的现有组织架构和人员配备，完成公司现有问题的解决方案的梳理。9 点后我会约见各部门主管，把发现的问题以及解决方案交给他们，并且一直跟进。

进入公司第一周，我以最快的速度熟悉了公司一线部门的所有工作，并且制定了组织架构流程图和绩效方案初稿。

对于电商经理或副总经理来说，入职后的第一个工作周非常重要。我们需要了解公司存在的问题，有解决这些问题的思路；了解公司现有的人员架构，摸清他们的能力，对后续如何排兵布阵有初步的想法。此外，通过一周的工作，也基本能感受到自己能否可以融入公司文化，也让公司创始人了解你的价值在哪里。更重要的是，在第一周会初步体现出你的工作风格和能力，这决定了大家对你的第一印象，以及让大家知道在日后的合作中应该怎样去磨合。

8 月 12 日入职后，我面临的第一场战役是两周后的淘宝"825 新势力周"。这是淘宝平台的 S 级活动，对于店铺能否抢占秋冬季市场高地有着重要影响。

由于时间紧迫，我只能抓重点问题突破。在这一次战役中，我主要改进了三个重点：①每次凌晨直播结束后立即复盘，并优化第二天的直播；②每次上新集中优势兵力进行爆款突围，并做出 3 个销量破万的爆款；③对每次上新的现货售罄率实时干预，必须达到 95% 以上。

在大家的共同努力之下，新势力周总共三天的上新成绩是 2020 年以来的上新战役中最好的一次。有了这一次的成功经验，后面的每一期上新，我都要求团队必须做到三个上新目标。

新势力周结束后，紧接而来的是每个月两次的上新战役，以及"双11"大促和"双12"大促。"双11"大促是所有电商人的大战，这一次的"双11"，我们通过对8月份以来各种大大小小上新战役的复盘、总结、优化、改进，充分发挥整个团队的协作，收获了让所有人满意和欣喜的战绩。

渐渐地，我在电商经理这个职位上变得游刃有余，也对这个职位有了更深的感悟。电商经理的职责是什么？应该具备哪些技能？下面是我的一些体会，希望能给你一些帮助。

1. 电商经理是公司创始人和各部门之间的重要桥梁

我认为电商经理的职责就是帮助和协助创始人实现他的规划蓝图，将创始人的想法准确地传达给各个部门主管；发现和解决各部门存在的问题，并评估这些问题的轻重缓急，根据优先级排序对这些问题进行处理；提高各部门的工作效率，带领各部门提高效益，全力打造公司的品牌。

2. 电商经理不仅要具备电商专业能力，更要拥有电商管理能力

电商经理需要处理各种问题，因此不仅要有过硬的专业能力，更要具备较强的管理能力。

电商经理需要具备的专业能力包括：

第一，选品能力。电商经理要知道，在一定的大盘下要用哪些产品来完成公司的销售额目标，这包括判断产品的市场体量、根据市场需求开发新品、预估新品的市场体量、决定产品的梯队（主打产品、辅助产品、盈利产品、引流产品）。

第二，引流能力。电商经理要把控店铺产品的流量布局，这包括认清

各平台的流量渠道、掌握各平台的流量逻辑、从曝光到引流获取平台流量、掌握短视频流量和直播流量的技巧。

第三，转化能力。电商经理要有清晰的买家成交策略，这包括产品表达和详情页逻辑梳理能力、SKU布局营销策划能力、页面合理布局能力、客服销售转化和追销提升能力、直播销售能力。

第四，客户维护能力。电商经理要懂得维护客户，让成交的买家发布好评并持续复购。这包括客户的售后服务、客户入库规划、用朋友圈和社群进行客户留存、客户裂变营销。

第五，增长能力。让店铺一直保持增长，是电商经理的一个重要职责。这包括懂得如何让店铺销量持续增长、掌握市场占有率的增长逻辑、知道如何开拓新市场和如何抢占旧市场。

这五项能力涵盖从选品到引流、从转化到维护、再到增长的各个方面。这些都是电商经理必须具备的电商专业能力，也是做生意的能力。当然，作为电商经理不一定自己具体操作，但必须熟练掌握这些能力。

电商经理需要具备的管理能力包括：

第一，品牌定位能力。互联网上的产品海量，拼价格的时代早已过去，如今，谁能最先抢占买家心智，谁就能占领市场。因此，只有正确且清晰的品牌定位，才能精准抢占目标人群的心智。

第二，团队建设能力。电商行业对效率的要求非常高，同时行业里大部分都是年轻人，面对这样一群有自己价值观的群体，组织架构需要尽量扁平化，做到横向沟通和纵向沟通都畅通无阻，能快速反应，但又能有效地管理；因为电商行业难以以量化标准进行考核，同时大部分电商人都是在电脑前工作，所以绩效考核必须自动化运转；团队必须高效协作，要制定标准化流程，让团队协作发挥最大优势。

第三，商业模式分析能力。电商行业的更新迭代非常快，其商业模式的更新也是如此，而商业模式是决定胜负的前提条件，因此这个能力是分析并找到适合自己公司发展的商业模式的能力。

第四，财务管理能力。电商企业和传统企业一样需要规范的财务管理。电商运营经理必须要掌握三个常用电商公式，看懂三张基础财务报表，了解三个基本税务常识。这些内容会在第3章详细讲解。

一名合格的电商经理只具备上面提到的专业能力和管理能力还不够，职业道德也是对电商经理很重要的要求。作为公司的管理者，对公司大小事务拥有决策权，正直和忠诚才是最重要的。因为只有正直和忠诚的人才能做到动机至善、私心了无。唯有如此，才能在做工作决策的时候，以公司利益为先，真正从企业的长远发展和团队的目标去考虑，从而带领团队一起前进。

电商经理的成长笔记
从新手到高手

第2章

具备这些电商专业能力,你才能成为合格的电商经理

选品能力
——产品为王,分析市场搭建产品体系

作为一名电商经理,进公司的第一件事情是对公司现有的产品进行复盘。这就需要电商经理具备一个非常核心的能力——选品能力。

电商经理需要清楚地知道哪些产品可以完成主要的销售额目标,哪些产品承担着其他销售额目标。这就意味着,一个成熟的电商经理应该具备产品经理的能力。

那么,电商经理应该如何选品呢?首先,通过分析市场数据,判断出一个产品能不能做、能做多大体量。如果某个产品市场容量有限,那就无法成为主推产品,虽然可以做,但靠它去支撑整个营业额是不可能的。

其次,根据市场开发新品,预估新品体量。开发的新品一定要通过分析市场需求得出,千万不能有什么产品就做什么产品。市场在变化、竞争环境在变化、供应链也在变化,我们只有根据市场需求进行开发,才能最大程度上避免失误,并且提前预估新品的体量。

最后,确定产品梯队。在整个产品体系中,我们一定要对哪些是主推款、哪些是辅助款、哪些是盈利款、哪些是引流款,做到心中有数。如果我们做不到对这些心中有数,那就无法知道钱应该花在哪,也不知道为什么会

第 2 章
具备这些电商专业能力，你才能成为合格的电商经理

亏损。

如何选品听起来好像挺简单，但真要选准产品，电商经理必须具备以下五项分析能力，尽可能准确地搭建出完整的产品体系。

- 第一项能力：分析潜力爆款产品的能力。
- 第二项能力：分析产品市场容量的能力。
- 第三项能力：分析产品竞争环境的能力。
- 第四项能力：分析产品细分人群的能力。
- 第五项能力：分析产品竞争空间的能力。

在这个过程中，市场、竞争对手、自己都在发展变化，这是个动态的过程，因此，电商经理还要时时调整选品。

分析潜力爆款产品的能力

我从一个新手小白成长为电商经理的过程中，分析操盘过超过100家的各种类目的店铺。通过研究这些店铺的成长路径，我发现了它们的共性——一个店铺想要发展起来，必须遵循单品爆破原则。当然，这个单品首先需要具备成为爆款的潜力。只有这样，店铺才能实现从单品爆破到全店动销。

从这个共性中，我总结出潜力爆款必须具备的三个条件：足够的市场空间、足够的竞争空间和精准的人群定位。

1. 足够的市场空间

足够的市场空间有两个关键点，一个是曝光量，另一个是流量。

这里需要记住一个公式：销售额 = 曝光量 × 点击率 × 转化率 × 客单价。

曝光量和流量的关系公式则是：流量 = 曝光量 × 点击率。

打个比方，通过市场分析发现一个产品只有100个人在搜索，那么这

个产品想要月销 10 万是绝对不可能的，因为它的流量实在有限。流量有限就意味着曝光量也不会太高。因此，如果市场空间不够，是不可能把产品做成大爆款的。

2. 足够的竞争空间

通过"销售额 = 曝光量 × 点击率 × 转化率 × 客单价"这个公式，我们可以分析出，足够的竞争空间说到底就是点击率和转化率的问题。

竞争空间就是在市场中找到立足之地。任何产品都不可能只有一家售卖，就算是蓝海市场，也只是竞争相对小一些。当消费者搜索某种产品时，永远不可能只看到一个产品，他能看到很多同类产品。在这么多同类产品中，消费者为什么一定要点击、购买我们的产品，这就需要一个充分的理由。

这个理由需要商家在数以万计的同类产品中，找到属于自己的竞争空间。没有竞争空间，就没有优势卖点；没有优势卖点，就没有点击和转化的理由；没有点击和转化的理由，就不可能有可观的销售额。

3. 精准的人群定位

精准的人群定位，通俗地讲就是你的产品到底卖给谁。当"谁"确定后，我们就要从这个"谁"的身上挖掘与产品相匹配的标签。

电商平台的分流方式"千人千面"，所以产品的目标人群一定要定位好，而且只能定 1~2 个人群标签，人群跨度越大就越不精准。所以，我们一定要找到精准的细分人群。

之前，有一个做手机壳的学员，他当时定位的人群是所有人。但这样做导致店铺人群非常不稳定，除非他的店铺级别很高，否则不可能获得很多流量。

我分析完这位学员的店铺后，给他出了一个方案——从手机壳这个大类目里切分出一个细分品类人群。比如，针对性感人群，我们就可以以红色高跟鞋为代表图案拓展整条产品线，这条产品线所有的产品都围绕"性感"的调性制作。这就让手机壳有了精准的人群定位。

做店铺其实是很痛苦的。我们经常会觉得自己已经做了所有能做的事，而且哪一步都对，但产品却怎么也做不起来。

这个时候，我们就要先停下来想一想，这个产品本身是否具备潜力爆款的三个条件。如果不具备，那一切都是无用功。

分析产品市场容量的能力

足够的市场容量是产品成为潜力爆款的必备条件之一，关键词数据则是市场容量最重要的判断标准。

关键词数据是否稳定，决定了这个产品是否稳定、未来能不能做、有没有足够的流量入口。

我们可以从以下四个方面对关键词数据进行分析：类目关键词数据是不是够大、全年数据是不是够稳定；关键词搜索数据天花板够不够高；关键词能用到的搜索数据总和够不够大；关键词类目分布够不够集中。

如果一个产品能够满足以上四点，就说明它的市场容量足够大。市场容量越大，可操作空间就越大，形成爆款的可能性也就越大。反之，就要慎重。

1. 类目行业数据

类目行业数据，指产品所在行业类目的访问人气和行业整体趋势的数据。下面我就以淘系生意参谋中"手机支架"所在类目行业趋势数据（见表2-1）为例，来看看整个类目的数据大小，判断一下整个行业是否处于上升趋势。

表 2-1 类目行业趋势数据

行业趋势	访问人气值	浏览热度	收藏人气	收藏热度	加购人气	加购热度
2021年11月	2279945	9759119	526716	1076063	928740	2011313
较上月上涨	23.83%	42.77%	34.40%	34.50%	35.68%	39.80%

注：根据"手机支架"所在类目行业趋势数据整理。

表2-1的数据显示，"手机支架"类目近30天的访问人气值是2279945，较上月上涨23.83%。我们可以依次将全年每月数据统计出来，然后看整年的行业数据走势。如果整个类目的数据是足够的，全年走势也比较平稳，整个需求量和上一年相比也较稳定，那就说明这个市场整体比较稳定。

如果全年数据趋势是上升的，那么说明这个行业目前上升空间非常大；如果全年数据趋势与上一年相比呈下降趋势，就说明这个行业整体正在下滑，需要做进一步分析。类目行业趋势数据是关系到市场容量的第一个指标。

2.关键词搜索数据

关键词搜索数据是某个关键词在平台的搜索人气指标。以淘系生意参谋为例，用"支架"作为关键词搜索出数据后，分析这个词的搜索数据是否足够、市场容量是否足以支撑其成为潜力爆款。

从表2-2可以看到，"支架"这个词的人气数据并不小；但从搜索词里我们看到，"支架"其实包含了几个细分品类——"手机支架""电脑支架""直播支架"和"手机懒人支架"。它们虽然都是支架，但并不属于同一个产品。

表2-2 "支架"关键词搜索数据

搜索词	搜索人气	搜索热度	点击率	点击人气	点击热度
手机支架	296018	601363	81.97%	209276	538795
手机支架车载	116139	271510	84.02%	92226	246417
手机车载支架	115892	277272	84.34%	92142	252195
电脑支架	103890	217440	86.41%	73670	200418
车载支架手机	81549	189130	82.50%	64054	169850
手机 支架 桌面	80687	171829	87.83%	61927	159793
花洒支架	80136	174403	88.25%	64362	162628
支架	72783	126958	63.08%	39555	97986
直播支架	69293	147950	76.25%	51492	127078
手机懒人支架	67624	137041	81.00%	48674	121755

由此可见,虽然"支架"这个词的搜索数据不错,但并不属于某一类产品。这就需要商家从中选出一个细分品类。比如,要做"直播支架"就只看直播支架的数据;要做"电脑支架"就只看电脑支架的数据。这样更能准确判断自身产品的搜索人气。

3. 关键词搜索总数据

关键词搜索总数据,是某个产品能用到的所有关键词的搜索数据总和。以淘系生意参谋为例,表2-3是关键词"直播支架"的搜索数据,其中"搜索人气"这一列的数字总和,就是直播支架这个产品能用到的关键词搜索总数据。每个词都代表一个机会,把这些词都加起来就意味着总机会。

表 2-3　关键词搜索总数据

搜索词	搜索人气	搜索热度	点击率	点击人气	点击热度
直播支架	69293	147950	76.25%	51492	127078
手机直播支架	29943	67278	82.20%	23278	60212
直播手机专用支架	28721	61527	77.14%	21911	53107
手机支架直播	27170	56884	78.15%	20638	49456
直播支架手机专用	21391	46468	79.78%	16257	40859
支架手机直播	12948	27124	80.69%	9659	23980
直播手机支架	11994	26359	85.01%	9268	24012
直播支架落地式	11500	25586	89.67%	8414	24033
直播支架补光灯	10547	24195	94.69%	8137	23448
手机支架直播	10414	21346	76.11%	7570	18237

判断产品的市场容量，就要去看它关键词搜索数据的总和。关键词数据越大，总量越多，这个数据就越好。

4. 关键词类目分布

关键词类目分布，是该关键词所对应产品在平台的类目分布。从淘系生意参谋数据去分析，手机支架这个产品在不同类目的占比数据为：3C数码配件占比83.33%，汽车用品类目占比12.6%，自行车/骑行装备占比1.58%，电动车/配件/交通工具占比0.81%，收纳整理占比0.23%。这意味着把手机支架发布在3C数码配件，拿到的类目流量更多。因为关键词的类目分布越集中，市场就越集中。

因此，我们在搜索一个词的时候，可能它在每个类目中都拥有一些流量，但我们要发布产品的话，就只能选择一个类目。这就意味着，这个词的类目总流量可能是1万，但我们发布的类目只占总量的40%，那么，这个产品所在类目的总流量就只有4000。

所以，我们判断一个产品的市场容量时，一定要去看这个产品所在类目的占比流量。类目越集中，产品越好做。这里要注意一点，并不一定是选择发布的类目流量越大，能拿到的流量就越多。还要综合考虑该类目的竞争数据，有时候采取逆向思维反而会出其不意。

之前我有一个学员，他把市场竞争非常大的男士剃须刀放在了礼品类目，销量一下子就增长了。因为礼品类目的竞争比剃须刀类目的小很多，在礼品类目下，无论是销量还是排名，都比较容易做到前几名。

分析产品竞争环境的能力

我做电商这么多年，被咨询最多的问题就是，为什么前几年可以赚钱，这几年明明没犯什么错，但突然就不赚钱了呢？

不知道大家有没有听过网上一句很流行的话："前几年靠运气赚的钱，这些年凭本事全亏光了。"之所以会出现这种情况，是因为任何一个行业都有红利期，电商当然也不例外。在红利期的时候，大盘数据不停增长。那时的流量也处于红利期，竞争环境远没有现在恶劣。而这些年，竞争环境在变，电商市场也在变，流量红利期早已过去，整个市场的增长速度自然就放缓了，可以靠运气赚钱的时代已经一去不复返。而且，运气永远是不可靠的。硬实力才是持续盈利的根本。无论做什么生意，无论做的是线上还是线下的生意，我们都要学会分析产品的竞争环境。所有的成交都是分析后带来的结果。

电商行业与线下生意有一个最大的不同：线下生意，消费者很难把你和所有同行进行对比，但电商行业，消费者可以看到你所有的竞争者，消费者的成交决策是对比了很多你的同行后的结果。因此，我们只有完全掌握竞争动态环境，才能找到自己的生存空间。

分析一个产品的竞争环境是所有电商从业者努力的核心方向，实时分析产品的竞争环境，对于打造爆款至关重要。

分析产品竞争环境主要看四个方面：竞品数量、竞品强度、竞品价格和竞品呈现。所谓知彼知己，百战不殆。只有对这四个方面有了深入的分析，才能清晰地知道我们要和谁抢流量，抢流量的难度大不大。

所有平台的流量都是恒定的，不会因为一个新商家进入就变多了。新商家想要从中分一杯羹，就必须去抢夺已有商家的流量。

1. 竞品数量

竞品数量可以反映出有多少在线商品和我们竞争。下面我以"牛仔裤女"为例分析如何从竞品数量判断竞争环境。如表2-4所示，搜索"牛仔裤女"之后我们看到，"牛仔裤女"这个词的在线商品数是67760，而第三个词"加绒牛仔裤女"的在线商品数是107244。

这就说明，"牛仔裤女"和"加绒牛仔裤女"这两个词相比，从在线商品数这个角度来讲，"牛仔裤女"的竞争相对小一些。

表2-4 搜索"牛仔裤女"数据

搜索词	搜索人气	搜索热度	点击热度	在线商品数	"直通车"参考价
牛仔裤女	206149	505460	624405	67760	1.23
牛仔裤女2021年新款	163661	393871	430821	31383	1.15
加绒牛仔裤女	136942	355544	434424	107244	1.36
牛仔裤女加绒	136577	324283	363176	58593	1.36
加绒牛仔裤女冬	116464	288303	336110	106068	1.52
牛仔裤 女	110159	258100	315860	68760	1.23
牛仔裤女冬	110017	261601	324735	65025	1.39
直筒牛仔裤女	108908	279170	383754	116529	1.15
高腰牛仔裤女	103947	263294	321992	59401	1.34
加绒牛仔裤女2021年新款	101125	252462	271722	57004	1.38

竞品数量就是在线商品数。在线商品数量越多，代表竞争越大；在线商品数量越少，竞争越小。这是一个相对值，竞争分析不是单维度可以解析的，它是多维度的问题。同时，竞争数量取决于想做什么词，两个不同的词的竞争环境是不一样的。

2.竞品强度

竞品强度是指通过竞品销量、排序位置和销售数据，判断竞品竞争强度的大小。

搜索目标关键词，然后选择"按销量排序"，看看排在前几位的产品的最高销量是多少，通过这个销量来判断这些竞品的竞争强度。

如果排在前面的产品销量非常高，那就说明竞品强度很大。我们要抢它的流量，难度会比较大。

比如，我们在搜索"加绒牛仔裤女"这个词后，第一名的销量是3万多条，第二名的销量也是3万多条，第三名和第四名的销量也有2万多条。这就说明"加绒牛仔裤女"的竞品强度很大，和这些竞品竞争，赢的概率很小。

如果搜索一个词，结果页面上的产品全是10万多的销量，那么对于新进入的商家来说，做出爆款几乎不可能。因为爆款的位置已经被别人霸占了，并且是被很强的对手霸占。

竞品数据分析取决于我们要做的目标词，目标词就是用来打造爆款的关键词。我们如果想做"牛仔裤女"这个词，那么在表2-4这一页的数据里，选择第二个词"牛仔裤女2021年新款"会更合适。因为它的搜索人气排名第二，同时在线商品数又比"牛仔裤女"这个词少一些。需求大、竞争小，做起来会相对容易一些。

当然表2-4只是第一页的数据，如果我们把这个产品所有能用的词都找全，很有可能找到更好的词。

因此，确定目标词非常关键。如果目标词不对，我们耗费时间精力分析的竞争环境也会是错的，那自然也就做不出爆款。

3. 竞品价格

竞品价格是指竞品的搜索价格和成交价格。我们在搜索"加绒牛仔裤女"这个词后，可以看到页面中有一个产品的搜索展示价格是 39.9 元，但打开页面后，显示的销售价格是 39.9~108 元。这说明，39.9 元很可能不是这个产品的成交价格。

所以，我们在分析竞品价格的时候，一定要点开竞品的页面，同时观察搜索展示价格和成交价格。

我们分析竞品价格，是为了了解自己的产品在市场中的利润空间，从而预估我们的运营操作空间。假设一个产品的成本价是 45 元，而竞争对手卖 39 元，那这个产品一定会很难卖。如果一个产品的成本价只要 10 元，而卖得最好的产品定价是 39 元，就说明这个产品的营销空间很大。

4. 竞品呈现

竞品呈现包括竞品的首图拍摄和点击策略。首图拍摄包括拍摄风格和构图结构；点击策略包括首图文案和营销卖点。

一个产品，前期成功引流的核心就是首图。非标品重在拍摄场景、模特表现力等个性化的因素，所以非标品的不确定性会比较大，需要花更多的时间去分析产品细分人群和竞争对手。

标品则相对有迹可循一些。我的一位咨询客户是做五金类目的，他的产品是水龙头、地漏、下水管这些比较难表现的产品，由于五金类目本身不是大类目，也没有太多可以参考的同行。于是，我就建议他跨行业参考。

当时，我们参考了 3C 数码行业和汽车用品行业，这两个行业虽然和这位客户的行业不同，但在表达上有很多相通的地方，我们分析了这两个行业的首图拍摄风格、色调和首图文案，把好的设计和表达用在我们的产品首图上，首图点击率很快就有较大提升。

所以，竞品呈现可以在不同的类目进行分析，如果我们的行业没有太好的参考，就不妨到更高的维度上去寻找参考对象，这样会更容易脱颖而出。

分析产品细分人群的能力

确定产品细分人群，是电商经理必要的能力。行业竞争虽然激烈，但并不是所有同行都是我们的对手，我们要锁定自己的目标人群，再去寻找竞争对手。

在分析产品的过程中，如果我们发现竞争环境很恶劣，最好的方式就是在所有人群中切分出一个细分市场，锁定这个细分市场的人群，这些人就是我们的细分人群。

现在所有平台都是通过机器算法提供"千人千面"的呈现，不同的人搜索同一个词，看到的产品和内容都不一样。我们要做一个市场，就一定要做细分人群，有精准的人群定位后，产品的搜索数据才能够稳定。

目前，很多电商平台的搜索都是按照关键词和人群标签这两个维度来分配流量的。假设 A 和 B 两个产品，基础一样、店铺一样、价格一样，但 A 产品只做一类人群，B 产品做了两类人群，那么 A 产品一定比 B 产品更容易拿到流量。

这和电商平台的分流原则有关。B 产品是向平台要两类人群的流量，A 产品只向平台要一类人群的流量，那么 B 产品获取流量的难度一定比 A 产品的要高。由此可见，人群不稳定、不精准，流量就不可能稳定和精准。

我们在分析产品细分人群时，一定要考虑消费者是谁以及消费者的需求。这里有一点需要特别注意，就是很多时候消费者（也就是购买者）和使用者并不是同一个人。因此我们不仅要考虑当购买者和使用者是一类人时该怎么做，更要考虑当购买者和使用者不是同一类人时又该怎么做。这决定了我们为谁服务这一关键问题。

比如"妈妈装"，很多都是子女买给父母的。那么，购买者是子女，使用者是父母，我们的服务对象就不是父母了，而是为父母购买的子女。当知道产品是谁买给谁的之后，就可以通过数据和常识勾勒出购买者的画像。

消费者画像包括年龄、性别、身份、消费水平、生活圈子、工作环境、兴趣爱好、产品用途等。从这些角度进行分析之后，就可以做精准的人群定位了。有了精准的人群定位，我们就能知道如何去做产品呈现。

比如图 2-1 展示的店铺 A 和图 2-2 的店铺 B 两个店铺，前者以 26~30 岁为细分人群，后者以 18~25 岁为细分人群，这两个店铺的产品体系和价格定位就完全不一样。

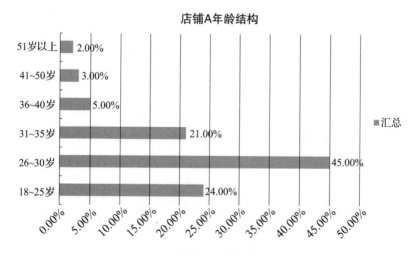

图 2-1　店铺 A 的年龄结构

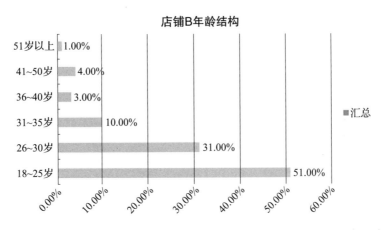

图 2-2 店铺 B 的年龄结构

这是因为，18~25 岁这个年龄段主要是学生人群，26~30 岁主要是白领人群，两类人群无论需求还是购买力都有所不同。店铺 A 的衣服的款式偏职业一些，更适合白领，同时客单价也更高。店铺 B 的产品则适合学生的款式较多，主要是牛仔裤、卫衣这类较休闲的服装，同时客单价也会低一些。

所以，我们在定位精准人群的时候，一定要舍得放弃，这样，我们才能拥有精准定位的细分人群。

其实，无论是 A 年龄结构图还是 B 年龄结构图，都可以定位主打人群。而我们基于自己的竞争能力和优势选择精准的细分人群后，哪怕竞争非常激烈，也能找到突破口。

分析产品竞争空间的能力

完成人群细分之后，我们才能找到产品的竞争空间。分析产品竞争空间就是通过分析竞争对手和细分人群，找到属于自己的生存空间。

我们可以从以下五个方面去寻找产品竞争空间：

- 第一，产品本身有没有空间。如果产品本身和别人的不一样，那么我们在第一步就找到了空间，也不会面临太大的竞争。
- 第二，产品类似，看价格有没有空间。
- 第三，产品类似、价格类似，看产品销量有没有空间。
- 第四，产品类似、价格类似、销量类似，看产品人群有没有空间。
- 第五，产品类似、价格类似、销量类似、人群类似，看产品表达有没有空间。如果同行的表达都不完美，就可以借鉴更高维度的行业去表达。

如果一个产品，以上五个方面都不具备，那我们就不要犹豫，换产品！

一个产品成为潜力爆款的前提是，必须有足够的市场和足够的竞争空间。找到竞争空间就意味着找到了差异化卖点；找到差异化卖点，才能获得较好的点击率和转化率；获得了较好的点击率和转化率，才能尽可能将营销成本降到最低（公式：销售额 = 曝光量 × 点击率 × 转化率 × 客单价），之后的一切运营动作才会有意义。

竞争空间是爆款最核心的底层逻辑。也只有市场足够、人群精准、有竞争空间的产品，才有潜力成为爆款。

引流能力
——流量布局，全渠道各平台进行引流

平台流量入口——认清各平台流量渠道

在电商平台上，当我们把产品上架后，销售就开始了，这时候就需要流量了。电商经理一定要认清什么是流量、流量分为哪些。只有认清了平台流量的渠道，我们才能进行流量布局。

1. 流量是什么

通俗地讲，流量就是消费者点击页面带来的访客数。我们解析流量的时候可以从两个维度入手。

一是以平台为维度：每个平台都有自己的流量，比如淘宝、拼多多、抖音、快手、京东、得物、小红书、唯品会等。这些电商平台与品牌、商家一起，满足消费者的购物需求。虽然各个平台的商业模式不同，但对于商家而言，哪个平台有适合的流量，就可以在这里开展自己的生意。

二是以入口为维度：每个平台都有流量入口，如淘宝、拼多多、抖音、京东的关键词搜索，再如淘宝、拼多多、抖音、京东这些平台的流量推荐。搜索流量包括免费搜索流量和付费搜索流量；推荐流量包括免费推荐流量和付费推荐流量。

2. 流量分为哪些

不管哪个平台，其流量都分为免费流量和付费流量。同时，免费流量又分为免费搜索流量和免费推荐流量。

比如以淘宝和抖音对比，淘宝的搜索流量相对较多，推荐流量相对少一些；而抖音推荐流量相对较多，搜索流量相对少一些。但实际上它们都有这两种流量。

付费流量同样分为付费搜索流量和付费推荐流量。

以淘宝为例，其付费流量有"直通车"流量（是付费搜索流量入口）、"超级推荐"和"钻展"流量（两者在2021年合并为"引力魔方"，是淘宝付费推荐流量入口）。以拼多多为例，其付费流量有多多搜索流量（即付费搜索流量入口）和多多场景流量（即付费推荐流量入口）。

还有一种流量叫活动流量，但从本质上讲，活动流量也是推荐流量。如果活动是免费的，那么它就是免费推荐流量入口。如果活动是付费的，那就是付费推荐流量入口。

商家在任何一个平台，都需要靠产品获取流量，通过免费搜索流量和免费推荐流量获得曝光，增加产品的权重指标。权重指标包括产品的销量、点击率、转化率、DSR 评分等，指标越好，平台越喜欢这个产品。

同时，我们也要结合付费搜索流量和付费推荐流量，去获得更多的展现和曝光。如果产品各方面指标都非常好，就能通过付费流量撬动免费流量，平台会给到更多的第二轮免费搜索流量和免费推荐流量。如此循环，我们便能打开产品和店铺的流量渠道。

分析平台流量逻辑——掌握各平台流量算法

我们明白什么是流量，认清各个平台的流量入口后，就要开始在平台上和同行抢夺流量了。这需要我们非常清楚每个电商平台的流量分配逻辑，也就是平台的流量算法。只有掌握了平台的流量算法，才能全渠道进行引流。

1. 流量分配逻辑是什么

（1）免费流量的分配逻辑

1）免费搜索流量分配逻辑：免费搜索流量分配主要是指消费者搜索关键词后，平台优先展示谁的产品。

搜索展示的优先级主要取决于三点：第一点是产品与搜索词的匹配度；第二点是人群标签的匹配度；第三点是产品的权重综合指标。

2）免费推荐流量分配逻辑：免费推荐流量分配是指消费者浏览页面时，平台把谁的产品推荐给消费者。

其推荐展示主要取决于三点：第一点是用户的浏览习惯；第二点是用户的标签和商家产品或者店铺标签的匹配度；第三点是产品的点击率、转化率、销量及DSR评分等权重综合指标。

（2）付费流量的分配逻辑

1）付费搜索流量分配逻辑：付费搜索流量的原理和免费搜索流量的是一样的，但付费搜索流量是通过花钱购买某个词的展示位置，这些广告位置是固定的，但同样是以搜索流量为入口。

其平台展现取决于三点：第一是产品与搜索词的出价、相关性等的匹配，包括标题、属性等；第二是产品的权重指标，包括点击率、收藏率、销量、转化率、加购率、DSR评分等；第三是竞争对手的出价、产品权重、质量得分、相关性等。

2）付费推荐流量分配逻辑：付费推荐流量的原理和免费推荐流量是一样的，但付费推荐流量是通过购买某类人群或者某个资源位获取流量，这些广告位置是固定的，但它们同样是以推荐流量为入口的。

以"引力魔方"为例，其平台展现取决于三点：第一是产品的出价、权重指标（包括点击率、转化率、销量、DSR评分等）和用户的浏览习惯；第二是用户的标签和商家购买的人群标签或者资源位的匹配度；第三是竞争对手的出价和其产品的点击率、转化率、销量及DSR评分等综合权重指标。

2. 主要电商平台付费流量入口算法

（1）主要电商平台付费搜索流量入口算法

1）淘宝——"直通车"

"直通车"是淘系商家使用最多的推广工具之一，其付费方式是按点击付费。它的展示逻辑主要是搜索关键词的匹配。商家针对某个关键词出价后，消费者搜索这个关键词时，平台会根据规则进行展现。当消费者点击被推广的产品时，商家才需要付费。

"直通车"的流量算法涉及两点：第一是排名，第二是付费。"直通车"排名＝关键词出价 × 关键词质量得分；"直通车"付费＝（下一名的出价 × 下一名的质量得分）/ 商家自己的质量得分 +0.01。"直通车推广"最理想的情况是，既能提高产品排名，又能降低出价。

"直通车"排名公式和"直通车"付费公式告诉我们，产品的排名和质量得分，是"直通车"流量算法的两个关键点。

提高出价可以提高排名，但如果一味提高排名，质量得分却很低，那么单次付费就会很高。这是平台设置的规则。平台之所以如此设置，是因为如果只要商家提高出价，不管产品好坏都能获得产品展示，那么平台所展示的产品信誉得不到保障。因此，商家在提高排名同时，一定要提高商品的质量得分。

质量得分主要取决于：创意的质量（创意点击率和图片质量）、关键词的相关性（标题相关性、类目相关性、属性相关性）、消费者体验（转化率、收藏率、加购率、产品 DSR 评分）。

2）拼多多——"多多搜索"

"多多搜索"是拼多多商家常用的、按点击付费的推广工具，通过对搜索关键词竞价获得排名和展现。商家针对某个关键词出价后，当消费者搜索该关键词时，拼多多平台会根据规则进行展现，当消费者点击商家被推广的产品后，商家需要付费。

"多多搜索"流量算法涉及两点：第一是排名，第二是付费。"多多搜索"排名＝关键词出价 × 关键词质量得分；"多多搜索"付费＝（下一名的出价 × 下一名的质量得分）/ 商家自己的质量得分 +0.01。

从上述公式中我们可以看出,"多多搜索"流量算法主要取决于关键词排名和关键词质量得分。如果想让排名靠前,根据排名规则,可以提高出价或者提高质量得分。质量得分越高,付费越低。但"多多搜索"和淘宝"直通车"一样,在提高排名的同时也要提高商品的质量得分。否则,单次付费就会很高。

"多多搜索"的关键词质量得分主要取决于:关键词的相关性(标题相关性、类目相关性、属性相关性),商品的点击率、转化率、销量等,店铺 DSR 评分,创意的质量(创意点击率和图片质量),消费者体验(转化率、收藏率、加购率、产品的 DSR 评分)等。

(2)主要电商平台付费推荐流量入口算法

1)阿里妈妈——"引力魔方"

阿里妈妈"引力魔方"是原"超级推荐"和"钻展"的融合版本,相当于"猜你喜欢"信息流(属于原"超级推荐")和焦点图相结合(属于原"钻展")的一款推广工具。它全面覆盖了消费者购前、购中、购后的消费全链路,同时焦点图锁定了消费者进入淘宝 App 首页的第一视觉。商家通过竞价圈定店铺人群和商品人群,然后投放不同的资源位。平台通过大数据和智能推荐算法,将商家投放的产品或者店铺展现在消费者面前。

"引力魔方"的流量算法是基于"千人千面"和"货找人"的模式,通过系统对人群和资源位的匹配来展现。在投放过程中,对于已有店铺行为人群的店铺优先向店铺行为人群投放,对于没有店铺行为人群的新店则向系统推荐人群进行投放。

"引力魔方"的本质是,通过店铺的行为轨迹人群(包括店铺或者商品的新客、老客、潜客)去投放不同资源位。圈定不同人群投放不同资源位,可按展现或按点击收费。店铺人群越大，人群标签越多、越精准，投放就越有优势，而新店只能先通过测试、积累来获取人群标签。

"引力魔方"可按展现付费（CPM）和按点击付费（CPC）。选定好人群、资源位后，按展现或者点击付费，出价越高，展现概率越大。无论按 CPM 还是 CPC，最终结算价格为：下一名的 CPM 价格 +0.1 元。

按展现付费（CPM）是指按创意的千次展现出价（Cost Per Thousand Impression，CPM），点击不另外计费。按点击付费（CPC）是指按创意单次点击出价，展现不另外计费。这两种付费方式的核心公式是：点击单价 = 千次展现成本 /（1000 × 点击率）。也就是说，影响付费的因素是出价和点击率，所以我们能做的就是出价和对素材点击率的优化。而优化背后的逻辑就是推荐流量的底层逻辑，也就是店铺和商品的人群标签。

2）拼多多——"多多场景"

"多多场景"是拼多多的一款推广工具。和搜索流量"人找货"的模式不同，"多多场景"的推荐流量基本都是"货找人"模式。"多多场景"是以商品或店铺展示为基础支持按点击付费（展现不付费），以精准定向为核心，面向全网精准流量进行实时竞价。

"多多场景"的流量算法有一个推广前提，就是商品或店铺人群必须在定向覆盖的人群中，然后再根据综合排名排序。这个人群是一个积累的过程，包括店铺人群和商品人群，人群标签越精准、标签越多，推荐流量也会越精准、越多。

"多多场景"中，商品展示排序的相关因素包括商品的广告出价、权重等；商品权重又包括商品的点击率、转化率、销量、评分等。店铺展示排序的相关因素包括店铺的广告出价、店铺权重等；店铺权重又包括店铺 DSR 评分、店铺销量等。

也就是说，想要在"多多场景"中排名靠前，就需要提高广告出价、商品权重和店铺权重。"多多场景"的单次付费规则 =（下一位的出价 × 下一位的商品素材点击率）/ 自己商品素材点击率 +0.01。从这个公式就能看出，我们只需要做好素材点击率的优化。而素材点击率提升的背后逻辑也还是推荐流量的底层逻辑——店铺和商品的人群标签。

3）巨量千川

巨量千川是巨量引擎旗下的电商广告平台，为商家和创作者们提供抖音电商一体化营销解决方案。它分为小店随心推、极速版、专业版。商家根据赛马机制获取流量。商家可以投放的赛道包括进入直播间、直播间评论、涨粉、商品点击、成交。平台会对商家的人群标签和平台的人群标签进行匹配，按出价进行流量分发。

巨量千川的付费公式是：巨量千川付费 = 展现量 × 点击率 × 出价。假设甲、乙、丙三个店铺的曝光量都是10000，甲的点击率是5%，出价是1元，那么甲的付费就等于10000 × 5% × 1，也就是500元；乙的点击率是50%，出价是0.2元，那么乙的付费就是10000 × 50% × 0.2，也就是1000元；丙的点击率是20%，出价是2元，那么丙的付费就是10000 × 20% × 1，也就是2000元。那么，根据计算出的付费总额，平台会先展现丙，再展现乙，最后展现甲。

从这个公式中我们可以看出，我们要做的是点击率的优化和出价的调整，而实际上我们能做的只有点击率优化，其背后逻辑依然是店铺和商品或账号的人群标签。

平台流量算法通俗讲，就是平台制定的规则。电商经理只有熟悉各个平台的各种流量算法，才能知道如何获得流量，也才能知道如何合理地布局产品流量、布局营销费以及各流量入口的预算，并通过整个引流链路的执行实现想达成的目标。

平台流量引进——获取平台流量三要素

无论是搜索流量还是推荐流量,都不等于曝光量。搜索流量主要以关键词为切入口获取曝光量,推荐流量则以人群和资源位为切入口获取曝光量。曝光量不等于流量,要把曝光量变为流量,需要具备以下三个要素。

1. 图片要素:首图、海报点击率的优化与提升

通常产品首图会展现在各个入口,这只是曝光量,只有当消费者点击首图进店后才是店铺流量。一张好的首图可以直接拉动一个爆款产品,带动一个店铺。因此,做出一张高点击首图,是所有电商最核心的事之一。

但首图好不好和美工的关系不大,首图点击率的高低取决于运营的策划能力。运营要找出产品的核心卖点,并表现在首图上。首图好看不是最重要的,运营的思路才是制胜关键。

我之前曾帮几位经营不同类目店铺的学员优化过首图,这些首图的点击率都取得了非常不错的增长。

我让一位卖手套的学员把卖得最好的颜色放在首图上,在图片下面写上文案"多色可选、拍下××元"。这一个改动使这款手套的首图点击率提升了一倍。

我让一位卖窗帘的学员在首图上加了一句"咨询客服送罗马杆",点击率就提升了 10% 以上。

我让一位卖罗汉果的学员不要再用和同行一样的产品图,而是本人上镜,左手拿罗汉果、右手拿乒乓球,将产品进行视觉对比。这张首图的点击率一下比同行高出了 3 倍。

其实,一张好的首图,靠的不是技术,而是思维。所有的首图都包含

拍摄、构图和文案三个要素。我们在优化首图的时候，要从这三个要素入手。下面是我总结出的一些优化首图的经验，供大家参考。

（1）第一个要素：产品拍摄

产品拍摄包含背景、产品主体、细节。拍摄方案有如下参考：

纯色背景系列

- 纯色背景＋产品图
- 纯色背景＋细节图
- 纯色背景＋模特图

场景背景系列

- 场景背景＋产品图
- 场景背景＋细节图
- 场景背景＋模特图

（2）第二个要素：首图构图

一个正方形的首图，如何划分才能既看着舒服，卖点又突出。以下几种划分方式是我比较常用的，或许能给大家一些启发：

- 不划分区——一屏一图
- 左右结构——将图片分成三等份（左边 2/3 呈现产品主体，右边 1/3 呈现产品细节）
- 九宫格、四宫格——将图片九等分或四等分
- 对开结构——左右／上下对开
- 产品主体图＋细节图

这些划分方式没有好坏之分，哪一张首图买家点击率最高，它就是最

好的。所以我们平时要养成习惯，不管在哪里看到平面广告，只要觉得被吸引了，就拍下来。然后把这些图片整理到一起，建立一个素材库，需要用的时候，随时调取。

（3）第三个要素：首图文案

首图上的促销文案怎么写更能激发消费者的冲动？卖点文案怎么写更吸引人？我整理了以下七种首图文案的写法以供大家参考：

- 瞬间吸引眼球：比如"小贵"。
- 承诺保障：比如"坏了包赔""不满意包退"。
- 数字表达：比如"月销10000+""好评5万+"。要注意的是，一定要用阿拉伯数字。
- 直接给消费者结果：比如"拍下99""立减100""下单即送×"，把最终结果算出来告诉消费者，不要使用"拍下×折"等不能直接给消费者结果的文案。
- 用时间和数量营造紧迫感：比如"明天涨价""仅限今天直播间"。
- 行为驱动：比如"立即点击""立即下单"等，用这些行为驱动指令引导消费者的动作。
- 效果展示对比：比如"7天效果对比"，即把使用效果直接展示给消费者，以此吸引消费者的关注。

在实际操作中，首图文案不是一成不变的，这七种写法也不是只能单一使用，可以几种组合使用。

除了从以上三个方面优化首图，我们还要多参考同行的做法。因为这个世界上你想要解决的问题，大部分都已经被同行解决了，我们只要去同行那里找到答案就可以。同行展示出来的所有东西，我们都可以参考，包括挖掘他们的高点击率首图。

在淘宝平台,有三个位置可以找到同行的高点击率首图。第一个位置是淘宝"直通车"位置。一般来说,"直通车"排名靠前只有两种情况,第一种是出得起高价,第二种就是点击率足够高。这里面有很多图都值得我们参考。第二个位置是按产品销量排序的搜索结果页面。既然产品销量能排在前面,就说明首图给了买家足够的点击理由。第三个位置是"钻展""超级推荐"等,现在合并称为"引力魔方"。因为这是付费推广渠道,所以这里的创意图一定是经过精心策划的。

知道了从哪些位置去找高点击率首图,参考什么样的行业也很关键。我们不能只看自己的行业,要各个类目都看。因为每个类目的竞争不同,处在竞争较大的类目中的店铺,无论首图还是店铺整体呈现,都会比一般店铺做得更好。比如在淘宝,竞争最大的类目就是女装,所以我们可以看到女装的首图平均水平非常高。如果你是做童装的,就完全可以参考女装的首图。而且这样优化后的首图,一定可以超越同行。

2. 价格要素:产品价格和营销策略的制定与优化

从获得曝光到拥有点击,再到转化为流量,这个过程中还有一个影响要素就是价格。要想通过合理的价格设置吸引更多消费者点击,需要我们对人性非常了解。以下五种定价方法,就是我这几年经常使用且效果不错的价格策略。

(1)产品定价卡在最优价格区间

传统的定价方式就是按产品成本定价,但这种定价方式其实比较吃亏。比如,产品的成本是100元,我们卖130元,要是再卖不好就降到120元。看起来好像赚了钱,但会出现一个问题,就是价格定高了卖不动,定低了没利润。更严重的是，如果产品价格区间不对，平台不会分流，连流量都拿不到。

所以，我们一定要了解平台的分流原则。以淘宝为例，我们在淘宝搜索产品的时候，可以看到每个价格区间的占比是多少、各区间的人群比例是多少、用户喜好度高的是哪个区间。在为产品定价前，我们要养成分析价格区间的习惯。同时也要注意，喜欢并不等于购买，这只是一个综合指标，整个成交链路是点击、停留、购买、分享。

但价格区间占比依然很值得我们参考。如果只有10%的用户喜欢，就说明平台只会分10%的流量给这个价格区间里的产品。因此我们在定价的时候，就要倾向于用户占比高的区间，这样才能获得更多的流量。

比如，在淘宝搜索"充电宝"后，会显示四个价格区间，我称为第一区间、第二区间、第三区间、第四区间。第一区间的价格是0~60元，有30%的消费者喜欢；第二区间的价格是61~140元，有60%的消费者喜欢；第三区间的价格是141~364元，有9%的消费者喜欢；第四区间的价格是364元以上，有1%的消费者喜欢。我们通常倾向于把价格定在用户占比高的区间。

但是店铺里肯定不会只有一款产品，更不会只有一种价格，因此在为全店产品定价的时候，我们最好遵循以下三个原则：

第一，同一款产品的定价最好不要跨过一个区间。如前面充电宝的例子，当店铺有一款充电宝的定价在第二区间61~140元，打算再上架一款充电宝的时候，新款的定价最好不超过这个价格区间，这样做平台分流更多。

第二，同一类产品如果需要有不同的价格带，最好不要超过两个区间。还是以充电宝为例，假如第一款产品的价格定在第二区间，再上架一款同类产品的时候，价格应该定在相邻的第一区间或第三区间，但不要定在第四区间。

第三，不同品类产品的定价最好在同等区间里。比如充电宝定在了第二区间，我们想再上架一款充电器的话，这个充电器的价格最好定在充电器品类的第二区间或者第三区间。

选定好价格区间后，产品定价还要考虑消费者的购物体验。关于消费者体验的考虑，我总结为以下三个原则：

第一，临界原则，即定价临近半数或整数。临近半数就是临近 5，临近整数就是临近 10。能定 9.9 元就不定 10.9 元，能定 14.9 元就不定 15.9 元。当使用临界原则定价后，你会发现 9.9 元和 10.9 元的产品销量真的差很多。

第二，三个 SKU 价格不同，一定是中间价格的那个卖得最好。当一种产品有三个价格的时候，一般是中间价格的最好卖。因此，我们想主推哪个价格的产品，只要设置一个价格比它高的 SKU 和一个价格比它低的 SKU 就可以了。

第三，产品自身规划原则。对产品定价时，如果没有进行规划，就会导致一些产品因为定价高卖不出去，一些产品又因为定价低没有利润。我们定价的时候不能只凭感觉，而是要看产品的溢价空间。

我曾帮一位经营宠物用品的学员调整产品价格。他把店铺里的宠物粮食定位成引流款，因为宠物粮食本身没有差异化卖点，我就把价格设为它最大的卖点。也就是说，宠物粮食是不赚钱的。同时，增加宠物服装、玩具等周边产品，这些溢价空间高的产品就是这个店铺的利润款。引流款产品把消费者吸引进店，再通过各种营销策略增加利润款的销量，这样一来，整个店铺的销售额就会得到比较好的提升。

（2）优惠策略，让消费者感觉占了便宜

优惠策略就是打折，设置折扣价或是满减。这些在后台设置很简单，但怎样的优惠才会让消费者心动，这是有技巧的。打折不是真的要把自己"打骨折"、让自己亏本，而是既能赚到钱又能让消费者觉得占了便宜。

以卖书为例：某家店有一本书，电子书的售价是25元，印刷版的售价是100元，经100个人测试，70%的人购买了电子书。后来我们调整了优惠策略：这本书的电子书和印刷版的售价均不变，只增加一个"电子书+印刷版共100元"的SKU，经100个人测试，80%的人购买了电子书+印刷版。

从这个案例可以看出，消费者心目中的便宜，很多时候不是价格的便宜，而是他感觉自己占了便宜。

以童装测试为例：一家童装店有两款童装产品，一款定价79元，一款定价99元，两款产品的成本一样。我们设置了一个满95元减10元的优惠券。经100个人测试，90%的人购买了定价99元的产品。优惠券的出现，让买家觉得花89元买到了99元的东西，是占到了便宜。

以日用品测试为例：某家店铺里一款产品是45元，另一款产品是100元。为这两款产品分别设置两个优惠券，一个是90元减10元的优惠券，另一个是满140元减30元的优惠券。经100个人测试，80%的人会选择包含了两款产品的套餐。因为这个套餐看起来优惠力度更大，会让消费者觉得占了便宜。

电商平台最常用的三个优惠工具是打折、优惠券、满减。满减比较适合用于新品，比如定价是98元，上架前期可以设置"拍下立减40元"，用低一些的价格拿到第一批成交，之后逐渐恢复原价。

优惠券分为店铺优惠券和商品优惠券。店铺优惠券是所有店铺产品都能使用的优惠券，商品优惠券是只有某个商品可以使用的优惠券。比如，店铺主推产品的价格是110元，那么我们就可以设置一个满100元可用的店铺优惠券，用它来引导买家购买主推产品。另外，也可以逆向设置优惠券。

我们需要主推哪个产品,就围绕这个产品的价格来设置优惠券。

关于优惠策略,我们需要注意以下三点:

第一,每一张优惠券都是为了促成成交,所以一定要合理地设置优惠券的使用门槛。比如,主打产品是100元,但优惠券却设置为满120元可用。这样设置不仅不会促成主推款的成交,反而会让原本有意愿下单的消费者放弃购买。这是因为消费者看到了优惠却不能用,购物心情会受到严重影响,他们就可能会放弃这个店铺,至少会放弃主推款。所以,优惠券策略要有主推方向,不然设置优惠券就没有意义。

第二,不要设置同比例的优惠券。比如,满100元减10元,满200元减20元……这样的设置毫无意义,相同比例的优惠券无论设置多少张都等于一个优惠券,起不到提高客单价的作用。但如果改成满100元减10元,满200元减30元,消费者就会觉得买满200元更占便宜。

第三,优惠券的数量不超过3个。设置优惠券,一般3个就够了,否则消费者就会觉得混乱,不愿意去计算,这也会导致消费者离开店铺。

(3)搭配套餐是提升客单价最好的方式

想要让搭配套餐发挥出最大的价值,第一是要让买家觉得需要,第二是组合买必须更便宜。其中,让买家觉得需要是重点。

假如店铺的主营产品是裤子,我们想要提升店铺客单价,应该怎么设置搭配呢?如果我们把搭配套餐设置成,购买两条裤子,第二条半价,那效果肯定不会好,因为很少人会同时买两条裤子。但如果我们上架几款百搭的上衣,把套餐改成买裤子上衣半价,那选择套餐的人就会更多。这就是考虑到了消费者的购买需要。如果消费者不需要,白送也没有用。

怎样设置套餐搭配才能精准地满足消费者的需要呢?我们可以从以下

三个方面思考：

1）同一人群（固定人群的固定需求）：比如宝妈这个人群，新生儿洗护套装、新生儿餐具套装等就很符合她们的需要。

2）同一场景：比如宿舍用品相关的产品，就可以按宿舍需求搭配。

3）互补产品：比如防晒和美白搭配、手机自拍杆和手机镜头搭配。

怎样设置搭配套餐，才能让消费者觉得便宜呢？我们以3C数码类目为例，80元的手机自拍杆和120元的手机镜头，有以下三种搭配方案：

- 第一种方案：买手机镜头，自拍杆半价，套餐总价是120+（80-40）=160元。
- 第二种方案：买自拍杆，手机镜头减40元，套餐总价是80+（120-40）=160元。
- 第三种方案：买两款产品减40元，套餐总价是（120+80）-40=160元。

虽然三个方案的付款金额是一样的，但经100人测试后发现，第一种方案转化的消费者最多，一共有73人。由此可见，搭配方案的设置并没有标准答案，重点是这个方案会不会让消费者觉得需要。当然，我们也能用优惠策略刺激消费者的购买欲望，比如，买A产品B产品半价、买A送B、加1元换C，或者在海报文案上写"98%的人都选择了它""一半以上的人都选择了它"等，让消费者感觉占了便宜。

(4) 关联营销是最有效的流量引导

关联营销有两大好处。首先是提升消费者的浏览深度。浏览深度等于PV（页面访问量）/UV（访客数）。浏览深度直接体现消费者的停留时间。关联营销在提升消费者浏览深度的同时，也延长了他们的停留时间。此外，关联营销还能提升店铺客单价。

那么如何实现关联营销呢？关联营销是指消费者进入一个页面后，可以看到其他的产品或者活动页面，并且愿意点击甚至购买。下面我就来对关联营销进行拆解：

1）哪些页面需要关联？

较多消费者进入的页面主要是产品页面、店铺页面和分类页。在平台里，只要有访客进入的页面都要做关联营销。每个分类页都能做关联营销，任何可以编辑的页面都可以放海报。如果要做直播，所有的页面都要呈现出直播海报。

2）关联什么内容？

在做关联营销之前，我们要想清楚每款产品的信息是什么、活动信息是什么、我们希望消费者看到什么。然后再根据消费者的需求去投放相应的内容，而不是对全店产品投放相同的内容。

研究消费者的需求，然后关联对应的产品。不同流量规模的产品，关联的产品也不一样。如果这个产品是新推的，那么关联时就少放其他产品；如果这个产品是爆款，那么就可以关联多款产品来进行引流。

3）消费者的购买理由是什么？

要考虑清楚：消费者为什么会点击购买，他的购买理由是什么，我们靠什么吸引他。把这些理清之后，只要在海报上用醒目的标题把它们呈现出来即可，也就是让消费者非常清晰地看到你想让他看到的内容。

（5）店铺抽奖让消费者玩起来

店铺抽奖一般在大促时用得比较多，因为大促期间的购物氛围很浓，我们就可以增加这样的氛围感，让购物具有娱乐性。那么怎样创造氛围感和紧迫感，让消费者玩起来呢？吸引力足够强是必需的。也就是说，店铺抽奖的门槛一定要足够低，同时玩法的吸引力一定要足够高。具体包括以下五个方面：

1）奖品要有足够的吸引力。一般一等奖的吸引力最大，也可以理解为最昂贵；二等奖一般设置为实物产品；三等奖可以设置为店铺优惠券。最重要的是，一等奖要有足够的诱惑力。

2）要有清晰的行为驱动指令，比如"立即点击""马上下单"等，刺激消费者马上参与。此外，限时限量也能刺激、驱动消费者。

3）抽奖门槛足够低。以女装上新抽奖为例，做活动的目的是让买家转发上新信息，所以抽奖的门槛就是转发即可参加。同时，奖品设置要有吸引力，比如免费送本期所有新品等。

总而言之，设置店铺抽奖时，一定要牢记目的清晰、奖品吸引力强、门槛足够低这三个原则。简单有吸引力，买家的参与积极性才会高。

4）奖品要根据人群需求来设置。

5）中奖率设置的关键是让消费者觉得能中奖。

以下是经过测试的抽奖海报的文案模板：横向写上醒目的文案"免费抽奖，中奖率100%"。左边是抽奖转盘，转盘下写"立即开奖"。右边是奖品的罗列：比如，一等奖智能手机，中奖率5%；二等奖店铺产品，中奖率10%；三等奖100元优惠券，中奖率70%；四等奖20元优惠券，中奖率100%。这个抽奖海报模板在很多店铺进行过测试，参与的消费者占比高达40%。

3.产品要素，通过分析竞品人群提炼产品差异化卖点

（1）竞争分析，知彼知己、扬长避短

不管做什么生意，有一件事永远避免不了，就是同行的竞争。尤其是我们在电商平台上获取到的每一个流量，本质上都是从同行那里抢来的流量。

电商平台相当于一个流量池，流量池总量会随季节的变化而增加或减少，但流量是恒定的，平台根据店铺权重，把流量分配给商家。这时，如果有一个新商家加入，平台就会从其他商家的流量中拿出一部分给这个新商家，新商家得到的流量就是同行失去的流量。

随着我们店铺流量的提升，其他同行的流量一定会下降。同样，当同行里出现黑马时，如果我们的店铺权重没有很稳固，流量就会被抢走。

这就是我们要分析竞争对手的原因。找到对标竞店后，我们要去分析对手的优势和弱势是什么、在用什么样的营销策略；我们和对手相比，优势和弱势是什么，可以和哪些竞店竞争。只有当店铺的各项指标都比竞店的好时，平台才会分配流量给我们。

那么，我们应该如何分析竞争对手呢？分析竞争对手是电商人必须掌握的基本技能，我将其称之为分析竞争对手的链路。在这个链路中，我们需要分析以下几点：

1）竞品的销售指标：销量、收货人数、评价数。知道了这三个信息，我们就可以判断，达到多少销量才可以去竞争这款产品的权重指标。

2）竞品的销售价格：通过分析竞品的一口价和销售价，为自己的产品找到合适的定价。

3）竞品的首图表达：首图体现的是产品卖点，通过观察竞品的首图找到自己的差异化卖点，并醒目地放在首图上，就能做出一张高点击率首图。

4）竞品的SKU布局：竞品的区间价是多少、图文是怎么设计的。了解了这些，我们就可以将其应用在自己的营销策略上。

5）分析竞品的成功链路：通过分析竞品的成功链路，能知道这个产品销量高的原因是什么，是价格优惠还是推广力度大，还是活动效果好。当分析出竞品的成功理由后，我们就可以参考其方案并制定整个链路的打法策略。

（2）消费者画像分析，精准分析消费者属性

我们精准地知道消费者是谁之后，就能换位思考；知道他们的需求和顾虑，就能知道什么样的表达会让消费者愿意购买产品、怎样才能让消费者愿意回购和分享。

那么如何画出清晰的消费者画像？这就需要我们分别从他们是谁、具备什么样的属性、有什么样的需求等方面去分析，具体包括以下四个维度。

1）消费者性别：女性的购买理由中有一个非常神奇的理由，就是"我喜欢"；而男性的购买理由会更理性。

比如两件衣服的颜色、款式都一样，只有袖口有一点差别，对于女性来说，这就是完全不同的两件衣服，但对于男性来说这两件衣服就是一样的。

2）消费者年龄和消费者职业：一般平台会提供年龄区间参考，如淘宝把年龄分为18~24岁、25~29岁、30~35岁、36~45岁、46~50岁、50岁以上。但我一般不这样分，我习惯把年龄和职业放在一起考虑，比如，学生人群——大学生18~24岁、宝妈人群——30岁左右，这是我习惯的分法。

因为当我把消费者的年龄和职业放在一起分析时，这个消费者就变成了我身边一个具体的人。只有消费者的形象立体起来，我们才能全方位、立体地了解消费者。

比如18~24岁的女大学生，她们的生活圈主要是同学，她们的生活场景主要是宿舍和教室，所以不管她们使用什么产品，传播性都很强；她们喜欢看综艺、逛淘宝、看小红书、刷微博和抖音等。如果我们的产品是卖给这一类人群的，那么品类一定要多，因为她们喜欢分享。但有一点要注意，虽然她们喜欢分享，但她们不喜欢一模一样的东西，所以如果做女装的话，闺蜜装会更容易被她们分享。

3）产品的用途：消费者购买我们的产品是用来做什么的？是自己使

用还是作为礼物赠送给亲友？如果是自己使用，那么要分析什么场合用、什么时间用、用的频次是多少。如果是赠送给别人，那么赠送的对象是谁。只有知道这些，才能清楚地判断店铺多长时间需要做一次促销。

比如产品是以女友为主要赠送对象的礼物，那么消费者一定是男生，并且使用高峰期为各个节日，因此，每当临近节日时，我们就可以向他推荐相应的产品，同时提供卡片、礼盒等服务。如果这个产品是用于赠送父母的，那就要考虑是消费者自己收货后再将礼物送给父母，还是直接由父母签收、打开礼物。如果是父母直接签收，那么包裹里的卡片就应该以子女的口吻来写。

4）消费者的需求和顾虑：消费者买我们的产品之前，在想什么、有什么担忧。这些我们可以从同行店铺的评价区和"问大家"区获得参考。知道消费者的需求和顾虑后，我们就会知道视频怎么拍、直播怎么说、产品页面怎么表达。

平台提供的消费者画像一般比较宽泛，所以对于消费者的年龄和职业我们需要通过常识判断。而对于产品用途和消费者的需求及顾虑，我们可以通过统计同行的"问大家"评价，尤其是中差评，来分析消费者的需求和顾虑。

分析消费者画像时，要记住一个原则：所有统计出来的结果一定要对店铺运营有指导意义。如果统计出来的结果无法对运营操作提供指导，那么做统计就没有意义。

在一些特殊行业，如机械设备行业、五金行业等，其很多产品是商业用途，那么就不需要统计前两个维度。这是因为无法统计消费者性别、年龄和职业，这个人群也不会频繁购买这些商用产品，但仍然需要统计消费者用途和需求顾虑。

（3）需求分析，挖掘出消费者的真实需求

准确分析消费者的需求，对商家来说非常重要，是决定店铺成败的核心要素。消费者为什么要购买一款产品，这个问题不管对于线上商家还是线下商家，都是最本质的问题。

我们都知道，消费者购买一款产品，一定是因为需要。但他究竟是真的需要这个产品，还是需要这个产品给他带来的某种结果，我们一定要挖掘出来。

比如：消费者买菜刀是为了切菜，买衣服是为了好看，买一盏灯是需要这盏灯给家里带来温馨的感觉。

这些才是消费者的本质需求，也是他们的真实需求。消费者购买某个产品的本质是这个产品能满足他的某种需求。我们卖的应该是产品的价值，而不是产品本身。

我们可以从以下两个方面去挖掘消费者的真实需求。

1）消费者为什么要买这个产品？

消费者购买产品，要么是为了满足基本需求，要么是为了解决某种问题。这是两种不一样的情况。

比如，常规女装是为了满足需求，大码女装就是为了解决问题；常规洗发水是为了满足需求，防脱发洗发水是为了解决问题。满足需求和解决问题对于店铺的溢价空间和竞争强度的影响是完全不同的。如果店铺提供的产品或服务仅仅停留在满足需求上，店铺就很难和同行拉开差距。但服务于帮消费者解决问题就不一样，只要我们能解决消费者的问题，就有了成交的理由。

其实常规产品同样可以从满足需求的层面提升到解决问题的层面。以女装来说，消费者在购买衣服时有没有需要我们解决的问题？当然有！很多女性不知道怎么搭配更好看,不知道什么样的妆容、发型和衣服最搭配,不知道什么的场合适合穿什么衣服等。这些都是刚需,也都是消费者在买衣服时会遇到的问题。

而时下流行的网红女装模式,就解决了这些问题。网红女装店的本质并不是卖衣服,而是卖搭配。可能别的店也有同样的款式,但经过网红的搭配和造型,再配合妆容和拍摄,就给人不一样的感觉。这就是从满足需求提升到了解决问题的层面。

2)消费者为什么要在线上购买?

既然实体店也有一样的产品,消费者为什么要在网上购买?可能是因为网上便宜、选择性强、便利省时间等。我们在挖掘消费者需求的时候,一定要想清楚这个问题,这样才能在设计营销策略的时候准确击中消费者的痛点。

我有一个客户是经营童车生意的。我问她:宝妈为什么不在实体店买童车,要在她的店铺里买?她告诉我,因为网上买童车更便宜。但便宜只是很表面的原因,在同等质量的情况下,消费者会选择价格更低的产品。但如果质量相差非常大,我想消费者就不会在网上买了,尤其童车一般是宝妈买给孩子的,她们对于质量的要求远远大于低价。

因此,我让她分析自己的童车有哪些地方比实体店的更好,然后把这些优势清晰地表达出来,这样就为消费者找到了充足的购买理由。

此外,线上购物的选择性更多,这也是很多消费者喜欢在线上购物的一个重要原因。如果你的产品品类比较多,那就要考虑店铺里的品类能不能满足消费者的这个需求。

(4)卖点挖掘,找出差异化优势卖点

卖点是产品属性的一个特征,是强有力的消费理由。消费者在浏览电商平台页面的时候,看到了你的产品,也看到了同行的产品,经过一番对比,他被你的产品展现出的优势卖点打动,最后选择购买你的产品。

找到差异化的优势卖点非常重要。如果产品没有足够的核心卖点,就不能拥有足够的点击率和转化率。

那我们可以从哪些方面去挖掘差异化卖点呢?首先,我们要分辨清楚普通卖点、无效卖点和核心卖点这三个概念。

普通卖点是指消费者有需求、同行也在表达的卖点;无效卖点是指消费者没有需求,但同行在表达的卖点;核心卖点是指消费者有需求,但同行没有表达的卖点。要想把产品核心卖点准确地挖掘出来,下面这七步十分关键。

- 第一步:挖掘出消费者的所有需求,并把这些需求全部列出来。
- 第二步:把同行正在表达的卖点全部列出来。
- 第三步:把第一步和第二步的结果进行对比,找出消费者有需求但同行并没有表达的卖点。
- 第四步:把自己产品的卖点全部罗列出来,包括优惠方式。
- 第五步:对比第三步和第四步的结果,把消费者有需求、但同行没有表达的、同时自己具备的卖点,全部罗列出来。
- 第六步:分别针对第五步列出来的卖点制作一张首图,放到"直通车"里进行效果测试。
- 第七步:测试后,将数据最好的图作为产品首图。这张图上表达的卖点,就是产品最打动买家的差异化卖点。

在以上七个步骤中,第三步可谓重中之重。如果能实现第三步,这七步就能走得通。很多时候,我们就卡在第三步,也就是消费者所有的需求都已经被竞争对手表达了。之所以出现这样的情况，一方面可能是因为分析还不到位，另一方面可能是因为流量入口找得不对。因此，我们就需要把所有的流量入口重新梳理一遍，同时尝试更深入地去挖掘消费者的需求。此外，可以尝试优化产品的拍摄方式、首图的文案和构图，还可以尝试内容化和真人化的表达方式。

如果都尝试了各种方法，还是找不到差异化卖点，那就再看看价格、营销方式、邮寄等其他方面能否做出差异化。总而言之，我们一定要竭尽所能找到产品的差异化卖点，否则就很难获得我们想要的流量和成交。

我有个朋友是经营童鞋店铺的。有一次，他让我帮他分析下店铺是否还有提升空间。当时我分析了一下他的店铺订单，发现大部分订单的收货地址都在北京，我就让他在首图上写"北京隔天到"，产品点击率和销量很快就得到了提升。这个方法就是在邮寄上找到了差异化卖点。

无论在哪个电商平台，产品的差异化核心卖点是决定产品能否成功的最核心的要素，值得我们用80%的精力去挖掘。

获取流量有两个节点：首先是让别人看见；然后是通过对图片要素、价格要素、产品要素的设计，让看见的人点击进入我们想让他到达的页面。这两步完成，才能算完成了真正的引流，也才算真正得到了平台流量。

短视频流量玩法——影响短视频的流量因素

短视频到底有多重要？从流量的角度讲，现在几乎所有电商平台都有专门的视频入口，并把大部分流量分配给了短视频入口。从转化的角度讲，短视频的展示效果远远优于图文，因此短视频已经成为商家最重要的成交手段之一。

提到短视频，就不能不说抖音。现在做电商一定是体系化运营，只要有适合自己的平台就要去运作。抖音凭借它的 6 亿每日活跃用户（截至 2021 年 8 月的数据），成为所有电商的必争之地。这一节我将以抖音为例，讲一讲在短视频运营中可以通过哪些因素获取流量。这些因素在其他平台同样适用，因为短视频的流量因素是互通的。

要做好短视频，我们首先要想明白一个问题：为什么这个视频可以获得平台的流量扶持，另一个却不行？只有理解了这个问题，我们才能知道要怎样为我们的产品拍摄短视频、怎样能获得平台流量。这就需要我们了解短视频流量的分配逻辑。

我把与短视频的流量分配相关的指标（包括但不限于）分为：选题、完播率、点赞率、评论率、转发率、转粉率、内容垂直度和停留时长。这八个指标如果我们都能做到，就不愁没有流量。

1. 选题

对于短视频而言，选题非常重要，这和电商选品是一样的。一个产品只有本身具有市场，才有可能成为潜力爆款，短视频也一样。如果短视频的选题刚好是大众感兴趣的热点，那么这个视频本身就自带流量。

那么，我们如何从无数个选题中找到自带流量的那一个呢？首先，要具备对各种热点的敏感度；其次，通过各社交媒体的榜单查看最近发生的社会热点事件；最后，将热点和自己的领域结合，策划出符合产品或者店铺定位的短视频。

2. 完播率

抖音是兴趣型电商，用户看抖音并没有明确的需求，如果我们的视频不能用第一句话、第一个画面抓住用户，很快就会被划走。那么，抖音就会认为我们的短视频不被消费者喜欢。

所以，想要提升完播率，一定要在 3 秒之内抓住消费者的眼球，然后再引导他一步步看完。这里的重点在于，如何第一眼抓住消费者。除了精心设计视频的第一句话之外，标题也很重要。

以下是我认为比较好用的几种标题写法，并配上我曾用过的短视频标题。

- 引发好奇心的标题：电商企业想要做到 1 亿元营业额必须要知道 3 件事，尤其是最后一件！
- 希望速成型的标题：不会管理电商员工？3 招帮你搞定！
- 疑问型的标题：为什么你的企业做不到 3 个亿？！
- 独家型的标题：电商公司老板不会告诉你的秘密，今天我就告诉你！
- 数字表达型标题：只要改变这 3 件事，你的成交就不会差！
- 故事表达型标题：那些网红电商背后的故事……
- 具有鲜明对比的标题：做抖音亏损 40 万元，做拼多多亏损 70 万元，做淘宝亏损 20 万元，电商真的不好做了吗？
- 悬念型的标题：做抖音年销售额 5000 万元，居然还不赚钱？
- 具有紧迫感的标题：今年再不入局抖音，就真的晚了！
- 产生共鸣型的标题：你是否也被拖欠货款，应该怎么处理？
- 关联社会时事热点的标题：地区冲突背后，做企业必须了解这 4 点。

以上是我觉得效果比较好的十一种标题写法，你基本可以直接套用。

3. 点赞率

点赞率是判断短视频是否会被继续推荐的重要指标。那么，可以通过哪些方法提升点赞率呢？

首先，内容本身一定要让消费者认可、感到惊喜，或者内容传递出社会正能量，这些是内容层面的要求，需要通过不断的策划和打磨才能达成；其次，可以通过一些行动指令让消费者点赞、关注；最后，分析每一个作品的点赞率，然后对点赞率高的视频进行二次分析，提取出让消费者愿意点赞的要素，将这些要素应用在下一个视频中。

4. 评论率

评论率是判断短视频能否被继续推荐到下一个流量池的重要指标。那么，该如何提升评论率？我发现，具有以下三个特征的短视频，容易获得高评论率。

首先，内容本身和创作者本人有冲突感，比如环卫工人突然弹起了钢琴；其次，内容和消费者有冲突感，比如讨论女方结婚要100万元彩礼是否合适；最后，消费者与消费者有冲突，消费者自己看了就会相互去评论对方的观点。

5. 转发率

转发率也是判断短视频是否会继续被推荐到下一个流量池的重要指标。那么，如何提升转发率？

转发率的提升方法和点赞率的非常相似，但转发对共情的要求比点赞更强一点，点赞只是表达认同，但转发是想要分享。在其他方面，提升转发率和提升点赞率的操作是一样的，都需要仔细策划内容本身，设置一些行动指令，并进行数据分析和优化。

6. 转粉率

转粉率意味着消费者认为创作者的短视频内容体系能给他帮助。这就像消费者点击一个产品链接，后来发现店铺里的产品他都需要，从而关注店铺。消费者通过一个热门视频进入商家内容主页，看到其他内容自己也很感兴趣，他就会关注商家。

转粉率的提升也是需要行动指令、数据分析和优化视频来完成的。

7. 内容垂直度

内容垂直度是指创作者创作的内容领域足够集中，比如集中在护肤、穿搭、家居收纳、美食领域等。也就是说，创作的内容要有明确的人群标签，这样系统才会精准地匹配人群标签进行推送。

8. 停留时长

停留时长指消费者进入短视频后停留的时间长度。影响停留时长的关键是内容是否具有吸引力。我们拍视频之前一定要提前写好脚本，开场一定要先把人吸引住，中场将自己的观点表达出来，最后最好有个反转。这样的视频框架有起有落，可以吸引消费者持续看下去。

当然，所有视频最终都要接受用户的检验，上传后我们要根据视频数据进行优化分析，直至找到自己的流量密码。

直播间流量玩法——影响直播间流量的因素

为什么有些直播间一开播就有很多流量，而有些直播间却一点也没有流量。其根本原因是平台对直播间的流量分配指标。这一节我继续以抖音直播为例，来讲一讲直播间的流量分配指标。影响直播流量分配的主要有三大权重：店铺权重、账号权重和直播间权重。

1. 抖音店铺权重

在所有电商平台，店铺权重都是店铺非常重要的指标，相当于平台对店铺的认可，直接影响店铺和商品的排名。如果店铺权重高，流量就会比别人多。店铺权重包括很多因素，比如店铺的上新率、复购率等，但影响店铺权重最重要的两个因素是：DSR 评分和历史 GMV。

DSR（Detail Seller Rating）评分也叫动态评分，是反映最近 90 天买家对店铺经营的综合评分，包括产品分、服务分、物流分。DSR 评分不仅是平台对商家的评定标准，更是消费者对店铺产品和服务满意度的直接体现。

历史 GMV（Gross Merchandise Volume）是店铺历史成交总额，一般以最近三十天的数据为考核指标。历史 GMV 决定店铺层级，从而影响店铺权重。

如果以上两项都能做好，店铺权重就会比较高，直播间也会得到一些流量的倾斜。

2. 抖音账号权重

账号权重其实是一个感官词，可以理解为这个账号所能创造的价值。这也能解释，为什么同样的视频在不同的账号发布，结果会不一样。事实上，只要账号健康，任何一条视频的初始流量都是一样的，但有些账号因为粉丝基数大、互动率高，抖音就会把其视频放到更大的流量池中，因此才出现了两个一样的视频在不同账号发布时获得的流量却不一样。因此，引导到直播间的流量也会相差甚远。

那么，抖音的流量算法逻辑是什么呢？抖音的流量算法有两种：中心化流量算法和去中心化流量算法。中心化流量算法就是所有人看到的结果一样，比如抖音的关注入口的流量算法；去中心化流量算法则是不同的人看到的结果也不同，比如抖音的推荐入口的流量算法。

在抖音，粉丝量和流量的关系是粉丝越多，基础流量越好。账号粉丝量和单个视频流量上限没有关系；粉丝量和视频增长流量有直接关系，因为关注了某账号的粉丝刷到该账号的概率比没有关注该账号的人要略高一些。

抖音的作品算法是基于内容分析、用户分析、流量匹配以及二次审核分配的。内容分析主要是文本分析、图片分析、视频关键帧分析；用户分析主要包括年龄、性别、职业、兴趣标签、手机型号、注册时间、手机运营商、场景定位；流量匹配主要包括分类、主题、关键词、热点的匹配度；二次审核的方式主要是人工审核 10 万 ~20 万播放量的作品，内容主要是价值观。

那么，我们可以从哪几个方面去判断抖音账号的价值呢？

（1）账号为消费者所创造的价值：包括消费者的停留时长、留存率、满意度。

（2）账号为作者创造的价值：包括贡献的 GMV、流量、涨粉率、互动率、转粉率。

（3）账号为平台所创造的价值：包括内容安全、内容垂直、平台收入、转发率、新用户注册率、平台的品牌效应。

如果我们的账号能在这三个方面贡献更多的价值，那我们的账号权重就会相对更高，引导到直播间的流量也就相对更多。

3. 抖音直播间权重

抖音直播间权重包含十个指标：进入率、留存时长、灯牌数、评论数、点赞数、新增转粉量、音浪数、GMV、UV（Unique Visitor，独立访客）价值和直播时长数据。

进入率指看到直播间的人数中进入直播间的比率；留存时长是粉丝在直播间的停留时长；灯牌数指粉丝团灯牌点亮数；评论数是评论区互动滚屏的弹幕数；点赞数是直播间互动点赞数量；新增转粉量是直播间新增的

关注账号的人数；音浪数是主播获得礼物的总数；GMV 是直播间的总销售额；UV 价值是单个 UV 的成交金额；直播时长数据包括单日直播时长及流量池的增长数、增粉和掉粉的比例，以及直播数据是否在上升通道。

这十个指标对直播间权重至关重要，它们也是每一次直播结束后需要复盘的关键数据。我们可以从三个大方向去提升这十个指标。

首先是主播的自身素质。一名合格的、有卖货能力的主播，必须具备以下七个素质：

第一，要有亲和力。亲和力可以带来信任感。消费者相信主播的介绍，自然就愿意下单。

第二，要有表现力。主播在镜头前是否能不怯场，并且流畅地介绍产品，是能否成功给消费者种草的关键。

第三，要有互动力。主播在直播间要及时和粉丝互动，让粉丝有参与感。

第四，要有把控力。主播要提前规划好直播脚本、写好直播话术，要把握好直播间的主动权和节奏进度。

第五，要有专业力。主播要充分了解产品的特点和卖点，包括产品的背书、优惠活动、物流和售后。

第六，要有成交力。主播要能激发消费者的购买欲望，带动气氛，促成成交。

第七，要有学习力。每一场直播结束，主播要有意识地总结、完善直播话术和节奏，做好复盘，不断优化改进。

其次是要有一套完整有效的直播间留人话术。因为店铺不同、产品不同、目标人群不同，因此适合每个直播间的留人话术都不一样。但大框架是相同的，那就是，先讲消费者想听的内容，再讲消费者听得进去的，接着讲自己该讲的，最后才讲自己想讲的。

最后就是掌握直播间的各种成交技巧。下面是我总结的六种直播技巧，以供大家参考。

一是留人技巧，包括用红包、抽奖、直播间活动和促销价等福利留人；还包括及时回答粉丝的问题，精准地和粉丝互动，利用问答留人。

二是互动技巧。大部分的人看直播都只是看，懒得打字。那么我们就要想办法调动粉丝和我们互动。提问是最好的方式。下面几种互动方式，大家可以直接用在直播间里。

- 提问式互动："这款产品你们用过吗？"
- 选择式互动："想要A的打出1，想要B的打出2！"
- 刷屏式互动，即号召用户刷屏互动："都想要的打出想要！"
- 互动核心：引导点赞、评论、关注和加粉丝团！

三是产品介绍技巧。怎样让消费者觉得非买我们的产品不可，这是有技巧的。我们可以通过产品举证、专业介绍和场景化三个方法实现。

产品举证就是向消费者展现销量、好评、资质等；专业介绍是从产品的材质、效果、包装、细节等角度提炼卖点，并清晰地展现出来；场景化介绍是从消费者的使用场景或向往的场景入手，巧妙地植入我们的产品。

四是成交技巧。消费者在抖音看直播，通常不是带着明确购物目标来的，大部分是闲逛的时候看到了。这时，我们就要使用一些小的成交技巧，让买家觉得必须现在下单。

第一个小技巧是打消顾虑，可以用无理由退换、送运费险等方式。第二个小技巧是设置价格锚点，即我们不只要让消费者知道产品在直播间卖多少钱，更要让消费者知道产品的原价是多少，有对比，消费者才会觉得马上买能占便宜。第三个小技巧就是限时限量，制造紧迫感，比如我们可以在直播中不断地用"时间短""数量少""马上结束"这类词制造紧迫感，达到让消费者立刻下单的效果。

五是催单技巧。制造紧迫感之后，还要催促消费者赶紧下单。第一是发布指令，有意识地营造出抢购氛围，让消费者赶紧抢；第二是重复卖点，即不断重复产品的优势卖点和价格优势，在消费者心中不断种草；第三是不断提醒，即反复提醒消费者活动是限时限量的，错过真的就没有了。

六是结束技巧。我们的直播间不会只有一款产品，要结束一款产品的介绍时，同样需要一些技巧。第一是自问自答，即不管有没有卖完，都问身边的直播助理"秒完了，抢完了，还可以加库存吗"。第二是持续补货，就是限制每一次上架的商品数量，拍完了再上架一些，不要一次性把所有库存上架。第三是损失提醒，这和催单提醒一样，告诉消费者今天不买就错过了，以后不会再有了。

转化能力
——做好产品表达，让客户下单成交

转化能力就是让进店的消费者下单成交的能力。下面我把整个转化的过程模拟为线下销售场景，方便大家理解它的逻辑。

第一步，产品介绍。消费者进店后，我们要对他说什么。这对应的既是产品清晰的表达，也是销售能力。

第二步，SKU布局。对于有多个SKU的产品，我们要规划好第一个SKU是什么，第二个SKU是什么，或设置怎样的SKU组合。

第三步，页面表达。页面表达包括详情页、视频、评价和"问大家"。

这也是考验商家内功的部分,一旦做好,同行很难超越。

第四步,消费者的购买流程和客服追销能力。对于有多少消费者静默下单,又有多少消费者咨询下单,我们必须做到心中有数,因为这是买家的购买流程。如果是定制类产品,消费者一定会咨询客服,那商家设计页面表达时就要想怎样才能让每一个进店的消费者都去咨询客服。如果店铺产品属于静默下单的产品,那对页面表达的要求就是能让消费者看完直接下单。

追销则是为了提升店铺客单价。追销可以通过客服追销实现,也可以通过页面的关联搭配实现。

第五步,提升客服的转化能力。这不是让电商经理去当客服,而是指电商经理要能帮助客服提升询单转化率,也就是电商经理要懂销售策略。如果店铺有客服主管,电商经理可以直接和客服主管对接。

第六步,直播策划能力。电商经理要分清不同平台的直播逻辑,再根据这些逻辑进行直播销售的策划。

产品详情页逻辑梳理能力

在传统线下行业,当消费者进店后,售货员就会想办法让这个消费者成交。在线上,则是商家利用产品详情页的表达,通过一些流程和方法梳理产品逻辑,促成成交。

我们在前面提到过,线上消费者的成交有两种,一种是静默下单,一种是咨询下单。详情页要达到哪种结果,取决于售卖的产品的类型。但无论结果如何,详情页的设计都应该是有目的的、有引导性的、有流程的。我们只要掌握了下面的这四个步骤,成交都不会太差。

第一步,吸引消费者。吸引是详情页促进成交的过程中最重要的一个环节。详情页的前几屏如果吸引不了消费者，消费者就会立刻离开，哪怕详情页的后半部分表达得再好，消费者也看不到。

那怎样才能吸引住消费者呢？

首先，首屏海报要把最核心的卖点精准醒目地体现出来；其次，详情页要清晰地表达出产品的其他核心卖点，避免罗列所有的卖点，而是要把最想说的话告诉消费者；再次，要有明确的营销方案和优惠活动，并且营销优惠要有合理的理由；最后，一定要有合格的首图视频。

第二步，让消费者认可。想要消费者认可我们的观点，就要在表达产品卖点的时候有理有据。我们可以先抛出观点，然后将核心卖点进行分解，逐个体现出第一卖点是什么、第二卖点是什么。不要一股脑把所有卖点都放在一张图上，要层层递进、简洁明了，让消费者一眼就能了解我们想表达的意思。然后，用产品的细节和工艺来论证产品卖点。详情页里是没有多余的图的，每一张图的存在，都是为了说明产品的卖点。

第三步，让消费者信服。信服和认可不一样，认可是认可观点，但信服要有相信的理由。我们经常会遇到这样的情况，消费者认可你说的，但最后还是选择去别家下单。

那怎样才能让消费者信服呢？我们可以把自己的资质、实力、渠道、团队等优势全部展示出来，展示这些都是为了让消费者相信。同时，也可以展示转介绍、买家秀、媒体报道等第三方证明。总而言之，不管通过什么证明，最终目的就是让消费者相信自己。

第四步，实现成交。虽然成交看起来是最重要的，但如果前面的三步我们都做到了，成交就是水到渠成的事。

要想在最后关键的这一步促成成交，唯有站在消费者的角度，想他们之所想。如果我们是消费者，在买东西的时候考虑最多的是什么？一定是产品的售后服务、产品的限时限量、购物风险转移,以及保障承诺。接下来,我们只要针对消费者在意的事项做出回应,就能很好地达成成交。

比如,有一些产品需要配件,那我们就表达一个售后策略——不管什么原因,只要配件坏了,都可联系客服免费送配件;比如,有时消费者心动了却犹犹豫豫,我们就可以用限时限量来鼓励他们下单——优惠只到今晚、只限 100 件;再如,消费者担心买的东西不合适,退货又要承担运费,那我们就把这个风险转移,在店铺设置好运费险。

当我们执行完这四个步骤后,一个完整的、逻辑清晰的、能吸引消费者的详情页就完成了。

SKU 布局营销策划能力

我们梳理好产品的页面逻辑后,就需要对 SKU 进行布局。SKU 布局营销策划主要包括:合格的 SKU 设置布局和引导成交的 SKU 策划。

1. 如何设置合格的 SKU 布局

(1) SKU 设置一定要图文结构一致

消费者的注意力非常有限,如果 SKU 的图文结构不一致,他们会觉得混乱。一旦理解成本变高,消费者就会直接退出链接。

(2) SKU 设置一定要清晰地表达卖点

SKU 图上,一定要用一两句话或几个词把核心卖点表达清楚,千万不要把所有卖点堆砌在上面。

(3) SKU 设置一定要表达消费者能感知的东西

比如,通过"产品名称 + 产品带来的结果"这样的方式表达产品的作用,让消费者感知到他拥有这款产品后能获得怎样的好处。

（4）SKU 设置可以用限时限量

当设置限时限量时，消费者会感受到产品的稀缺和紧迫感，这样对促进转化很有帮助。

2. 如何策划引导成交的 SKU

（1）引导成交的第一种方式——增加 SKU

假设店铺的一款产品有两个 SKU，分别是 79 元和 99 元，而且 79 元的销量比 99 元的要好。现在我们想引导消费者购买 99 元的 SKU，应该怎么做？很简单！我们只要再增加一个 129 元的 SKU，就能让 99 元的 SKU 卖得最好。

因为消费者的购物心理是，选择风险最低、回报最大的选项。只有 79 元和 99 元两个 SKU 时，99 元的风险看起来比 79 元的大，但加上 129 元这个 SKU 后，99 元的 SKU 就成了最安全的选项。

因此，当我们想促进一个贵一些的 SKU 的成交时，只要再增加一个更贵的就可以了。

（2）引导成交的第二种方式——限时限量

仍以上述 79 元和 99 元的 SKU 为例，假如我们不想增加 SKU，如何促使消费者购买 99 元的 SKU 呢？我们只需要在 99 元的 SKU 图上写上"仅剩 × 件"就可以了，因为限时限量可以刺激消费者的购买欲望。

（3）引导成交的第三种方式——体现好处

继续以 79 元和 99 元的 SKU 为例，如果既不增加 SKU，又不表达限时限量，怎样可以提升 99 元 SKU 的销量？这时可以使用"产品名称 + 产品能带来的结果"这一具有强大引导性的表达方法。比如，女装可以写"黑色 T 恤——显瘦"；如果是彩妆，就可以写"树莓色——显白"。"显瘦"和"显白"就是消费者想要的结果，而消费者愿意为自己想要的结果买单。

页面结构分类和页面布局能力

页面表达包括产品页首屏、后四张图（产品链接中的第二张至第五张主图），店铺首页布局和分类。

1. 好的首屏要在 3 秒内抓住消费者

如果详情页的首屏和前三屏吸引不了消费者，就很难成交。首屏海报的内容需要考虑以下几点：

1）我们想让消费者第一眼看到的是什么？是产品、营销策略还是服务？

2）我们希望消费者做什么？是往下看、咨询客服还是下单？一般来说，消费者的购买流程是点击——咨询——购买。点击对应的指标是点击率，咨询对应的指标是询单率，购买对应的指标是转化率。假设我们的产品需要咨询才能转化，那么转化率主要是询单转化率。提升询单转化率的前提是提升询单率，就是想办法让进店的消费者咨询客服。

那么，一张好的首屏海报需要具备哪些元素呢？①首屏海报要能迅速吸引消费者注意力；②首屏海报上表达的一定是产品最核心的卖点；③首屏海报一定要结构清晰，让消费者一眼就能看到重点；④首屏海报要能放大消费者的痛点或呈现消费者的理想状态。

2. 好的后四张图就是一个小详情页

大部分电商平台的产品链接都有至少五张可以左右滑动查看的图，如果说其中的首图是为了吸引消费者点击进入产品页面，那么后四张图就是为了转化。因此，我们可以把后四张图理解成一个小详情页。

以淘宝为例，我们在淘宝上随意点开一个产品链接，会看到首图、视频、价格和月销。如果消费者对这个产品不感兴趣，马上就会退出页面；如果感兴趣，就会向左滑动查看后四张图，因为他想深入了解这个产品。

据统计，第一时间看后四张图的消费者比例大于看详情页的比例。如果后四张图让消费者失去兴趣，他们很可能不会再去看详情页。但如果后四张图直接让消费者下单购买，那他们也就没有必要看详情页了。因此，如果我们能通过后四张图直接勾起消费者的购买欲望，就赢了一半。

我们怎样才能做出自带转化属性的后四张图呢？①不能把后四张图当成首图来做，应该当成小详情页来做；②后四张图最好每一张图表达一个卖点，如果想说的太多反而没有人看；③正确的顺序是先策划详情页再设计后四张图，后四张图和详情页采用同一个逻辑；④后四张图的顺序最好和详情页的卖点顺序一致。

3. 好的店铺首页布局不会流失潜在消费者

店铺首页确实不会提升转化，但却极有可能拉低转化。消费者不管进入哪个SKU的页面，一般来说，或者直接购买，或者直接关闭，再或者点击进入店铺首页。如果我们的店铺首页没有经过任何设计，消费者所有的购买意图就会瞬间消失，消费者会觉得我们的店铺不正规、体验感不好，以至于好不容易建立起来的信任很快被打破了。

那么，应该怎样布局首页呢？①一定要有清晰的导航，比如新品专区、店铺分类、品牌故事等；店铺首页一定要有1~2张海报，海报的落地页一定是最想引导消费者进入的链接；②优惠券一定要集中放置在同一个区域内；③一屏放一个店铺主推产品，效果比较好；④其他首页区域可以随意布局。

当然，我们也可以参考同行或者其他行业的一些品牌店，借鉴它们做得好的模块，结合自己的店铺风格，统一设计店铺首页布局。

4. 精准分类让消费者更愿意留在店铺

分类其实就是把店铺里的产品进行分类。这个动作看似简单，但其实是有很多小技巧的。如果店铺分类让消费者觉得不专业，他们就会离开；相反，店铺分类也可以成为引导消费者行为的绝佳方式。

在我的咨询客户中，有一位是做宠物用品生意的。她的店铺分类一直和同行差不多，就是按产品的品类来分。经过对她的店铺消费者人群以及同行进行分析之后，我建议她把全店200多个产品按宠物品种来分，全店客单价提升了近1.5倍。

这里面的逻辑其实很简单。消费者只关心和他自己有关的信息，和他无关的信息对他来说只会是干扰。因此，养泰迪的消费者只关心和泰迪有关的产品，当店铺有一个泰迪专区时，他就会愿意多逛一会，也就很容易买一些原本没打算买的商品了。

我在为店铺产品做分类的时候，习惯用这五种分类方法：①按产品品类分类；②按产品功能分类；③按使用场景分类；④按特殊人群分类；⑤按使用人群分类。大家可以选择适合自己产品的分类进行套用，很有可能会带给你惊喜。

提升客单价，客服的追销能力

提到提升客单价，我们首先要清楚销售额的计算公式：销售额 = 曝光量 × 点击率 × 转化率 × 客单价。从这个公式中我们可以发现，提升了客单价，就能提升整体的销售额。而提升客单价最好的方式，就是提升客服的追销能力。

客服追销是客服针对已经付款但还未发出的订单进行追加销售的行为，也就是客服引导刚刚下单的消费者再买点其他产品的行为。这样做有两个好处：一是增加利润，因为快递费就只需支付一次而销售额增加了；二是提升全店客单价。客单价提升了，店铺的整体销售额也就提升了，进而可以提升产品销量权重，店铺层级也能得到提升。

下面是我之前担任一家 3C 数码企业的电商顾问时，为其设计的客服追销话术：

"亲，如果您喜欢出去玩，那一定会需要我给您推荐的这款单反手机镜头，它能让您拍出来的照片更广阔。尤其是两三个人一起拍照时，如果只用手机很容易拍不全，构图也不好看，我们的这款镜头能让照片拍得更广阔一些，让您的每一张照片都美美哒。而且这款产品今天正好在做活动，老客户只要今天下单，就能享受半价优惠。如果您需要，我发产品链接给您看一下。"

策划好这套客服追销话术后，我们让客服尝试使用了一个星期，有 40% 的消费者选择追加下单购买这款镜头。

客服追销一般分两种场景：

第一种是消费者通过咨询下单，那客服追销一定是在消费者付款后再进行。如果这一单都还没成交，马上追销其他产品，就很有可能连这单都不会成交了。

第二种是消费者静默下单。面对静默下单的消费者，如果直接追销，会让他的体验感非常不好，因此，我们需要先激活一下消费者。比如，发一段订单的信息，用一段话来结尾："非常感谢您购买我们的产品，我是您的客服专员××，麻烦您看一下收货订单和收货地址有没有问题？"需要注意的是，一定要用问题结尾，因为问问题会让消费者有回复的欲望。等到消费者有回复了，客服再进行追销。如果消费者没回复，那就不要追销了。

客服的转化能力

策划客服表达时,最重要的就是分析、提炼差异化表达的话术并将其标准化;标准化后要注意避免变成机器人话术。如何实现这一点呢?

1. 客服话术——分析、提炼与同行有差异的话术并表达产品核心卖点

如果大家的回答方式都差不多,消费者一般会选销量高、页面表达好的店铺。所以,我们要想办法在客服回复上做出差异化表达。

我遇到过一位做五金类目的咨询客户,当时他的客服回复方式和同行都差不多。比如,对于消费者最常问的"你家产品为什么比别家贵"这个问题,他和同行的回答都是:"亲,因为我们家的做工好,我们更注重细节,所以价格比别家高。"这样回答虽然没有问题,但当整个行业都这么回答时就等于没说。消费者听完除了觉得是套话,什么感觉都没有;甚至在提问之前,消费者就已经猜到客服会这样回答。这样的客服话术是体现不出差异化的。

我在深入了解这位客户的产品后,发现他家的产品底板厚度是3毫米,而同行一般是1.8毫米,此外,底板材质的密度也比同行好。所以我让他们在回复时突出这两个优势,最后将客服的回复话术调整为以下内容:

"亲,您好!首先咱们的材质、用料都和其他家不一样哦,比如我们家的产品底板厚度是3毫米,密度也更高。您可以和其他店铺的产品对比一下。厚度和密度是非常重要的。刚开始用的时候看上去好像差不多,但用了一段时间之后,如果底板不够厚,上面的东西就容易掉,用不了多久您可能就又需要买新的。但我们家的产品,因为底板厚度足够、密度也高,所以会比其他同类产品更坚固耐用。"

之所以有底气让消费者和别的商家对比，是因为我已经做了非常全面的市场调查，对于不同商家产品底板的厚度、其他店铺客服的回复方式，以及其他客服回复的专业度，都进行了深入的分析。因此，我对询单转化的提升胸有成竹。

当然，对于整体的客服话术方案，我不只改了这一项，其他的细节也都有改动。但无论怎么改，其实就是用细节解释一件事——为什么质量好、好在什么地方、这个好和消费者有什么关系，并将这些表达清楚、形成话术。

此外，设计客服话术还有一个前提，就是要了解同行是怎么回复的，然后形成和同行有差异化并且能够表达自己产品的核心点。这就是客服的标准话术。

改变话术之后，这个店铺的询单转化率最高达到了 30%。这个提升的前提是要统计客服的各个方面的回复，整理优势，优化劣势，最后形成客服回复的标准话术。

2.形成标准话术后，要避免让消费者觉得是机器人回复

客服标准话术的好处虽然很多，但如果过于标准，就很容易形成机器人回复的感觉。这时就需要增加亲切感，不要让消费者觉得是机器人在回复。

具体怎么操作，我们可以按场景来分析一下。

当消费者收到产品发现缺少配件时，通常客服的标准回复话术是："亲，请您提供您的订单号和旺旺号，我们会尽快处理。另外请您拍一下您的包裹照片，我们会在 12 小时内给您回复。"

这个回复看上去并没有错，但如果我们站在消费者的角度体会一下，就能感受到体验感是不太好的，感觉不到亲切的人性化回复。消费者收到包裹发现缺少配件，本身心情就很不好，此时客服还冷冰冰地让他提供旺

旺号、订单号、拍照,虽然这些都是正常的流程,但不够人性化,消费者看了可能会更不满意。

人性化的回复版本应该是这样的:"亲,首先非常抱歉,可能是我们发货时的疏忽,您看一下包裹里的小袋子有没有配件,如果没有,我们今天就马上给您重发。因为我们的失误给您造成了麻烦,实在抱歉。"此时,我们一定要站在消费者的角度去回复,先让消费者感受到我们真挚的歉意,而不是冷冰冰的补发流程。

除此之外,还有几个方法可以让客服话术听起来更舒服。

1)站在消费者的角度去体会他的情绪,根据他的情绪去回复。

2)不要用长句子,不要用书面语,要用口语化的表达方式,并加上语气词。

3)积极帮消费者解决问题,多用"马上""现在""立刻"这类词。

生意的本质就是服务,服务就要让消费者觉得舒服,消费者心情好了才会愿意购买或再来购买。

直播策划销售能力

从 2019 年到 2021 年,直播电商快速发展。目前主要的直播电商平台有淘宝直播、抖音直播、快手直播、小红书直播、微信视频号直播等。直播几乎成了所有电商平台的标准配置。

相对于传统电商而言,直播中产品的展现形式更动态、更高效、更全面。对于商家来说,直播可以让我们和消费者面对面沟通,并迅速回应消费的问题,以此促成成交。

虽然电商经理不需要自己去策划直播,但一定要有直播策划的能力,这样才能理解和管理直播部门。直播策划能力已经成为电商人的一项基本专业技能。

现阶段，流量比较大的直播平台有两个，一个是淘宝直播，一个是抖音直播，这两者有什么区别呢？

1. 淘宝直播与抖音直播的区别

进入淘宝直播间的消费者是带着需求目的的。为什么要去淘宝直播间？因为有购买的需求。有明确的购买需求才会去看淘宝直播。

消费者或者是搜关键词找到了店铺，看到店铺正在直播，便进到直播间；或者是从直播预告推送进到直播间；又或者是在浏览页面时，看到有直播，就点击进到直播间。至于他们为什么会点击进到直播间，就是因为有明确的购买需求。

因此，淘宝的直播逻辑是消费者有需求才进到直播间，这个时候只需要告诉消费者，这个产品刚好能满足他们的需求就够了。这就是淘宝直播间的销售逻辑。

抖音直播间则完全不同。抖音平台是兴趣电商，消费者在刷抖音时，没有任何购买需求。很有可能他们上一秒刷到的是娱乐搞笑类视频，下一秒就刷到卖衣服的直播间。他下单买产品，不是因为需要，而是感兴趣，一时冲动就买了。

因此，抖音直播间的消费者通常并没有带着需求进到直播间。主播应该告诉消费者的是，他为什么必须要拥有这个产品。这就是抖音直播间的销售逻辑。

由此可见，不同平台上主播的流量承接方式是不一样的。面对有需求的消费者和没有需求的消费者，销售逻辑也完全不一样。面对有需求的消费者，只需要告诉他这个产品有什么好、哪里好，以货架陈列的方式一一呈现这些产品的卖点即可。这也是淘宝主播的流量承接方式。面对没有需求的消费者，不是告诉他产品有什么好、哪里好，而是要告诉他此刻为什么需要这个产品。这是抖音主播的流量承接方式。

这也解释了为什么很多淘宝直播做得好的商家或主播，到抖音就做不好，因为在抖音平台，如果 2 秒内不能抓住消费者，他就离开了。

在我的咨询客户中，有一位经营花架生意的客户。他的淘宝直播做得非常好，但将同样的模式应用到抖音效果就很一般。在淘宝，他会详细地介绍花架的尺寸是多大，如何匹配家里的空间，花架的材质是什么，如何安装等。同样的一套话术和直播间销售逻辑应用到抖音直播间就没有效果了。

试想一下，当我们在刷抖音时，突然刷到一个花架，点进直播间后，主播在讲花架的尺寸和材质，这时作为消费者脑海里是一片模糊，可能根本听不懂，这时我们就会离开直播间。

这位客户通过调整直播产品介绍逻辑，用话术的 70% 告诉消费者为什么他的家里需要有一个花架。从这个角度出发重新设计话术后，抖音直播间的转化率得了明显提升。

以上是淘宝直播和抖音直播时介绍产品的本质区别。但不管在哪个平台进行直播，都需要对直播销售进行策划，而策划的大脚本是相通的，只是根据产品和类目不同，话术和表达不一样，同时每场直播都需要不断的优化和调整。

那么，如何做一场直播销售策划呢？

2. 直播销售策划的步骤

直播销售策划包括直播前、直播中、直播后策划。

(1）直播前策划

1）人、货、场的准备

人：直播前要明确团队的协作、对主播进行产品培训，全团队都需要了解整场直播的脚本。需要做好主播、助播、中控、场控、运营、推广、客服、视觉等各个岗位的协同工作。

货：包括组货、陈列、设计产品的销售话术（涉及产品的工艺、卖点、营销策略等）。淘宝的组货应该采用陈列卖货式，这是因为消费者有明确的需求。抖音的组货应主要选择经测试后的爆款，要让消费者觉得自己需要。这是两种组货模式，其销售话术也是不一样的。

场：包括直播间的装修和设计，直播的硬件设备、直播间道具的准备等。具体指的是：对直播间的整体装修，注意直播背景和直播间的设计需要和品牌风格相匹配；购置灯光、背景、声音、手机、电脑、电视屏幕和摄像机等直播硬件设备（电视屏幕主要用于从消费者的视角看直播时的互动）；准备直播间的道具，包括活动KT板、计算器、倒计时秒表、直播间礼物等。

2）直播脚本的准备

准备直播脚本时，需要确认以下几个关键点：

时间节点。时间节点的设置主要包括整场直播分几天进行，或者单场直播的时间节点安排（具体到每5分钟）。

直播主题。直播一定是有主题的，可以是产品的上新主题，也可以是节日的主题。

直播目的。直播的目的通常或者是为了上新，或者是为了清仓，或者是为了发布某一款产品。

产品脚本。产品脚本包括产品的品牌介绍、产品特点介绍等，比如服装脚本就应包含工艺、材质、卖点等。

营销策略。营销策略包括发放优惠券、满送、满减、抽奖等，为了增加购买、增加客单、增加互动和涨粉而采用的全部营销策略。

顺序安排。这主要指产品的介绍顺序、在某个时间节点要进行互动等。

3）直播预热、预告

直播预热包含以下三个重点：

海报设计。确认了主题和目的，要提前进行海报设计，将营销亮点和主题体现在直播预告海报上。

活动方案。这包括抽奖、"扣"数字，按照人气值/关注值/整点/半点进行有奖互动，其实这也是脚本的一部分。如果整个直播间在举行活动或者直播是配合店铺的活动，那么需要就整个活动的脚本和方案进行开会并通知所有协同工作的部门和人员。

渠道透出。将海报和直播的时间等信息在各个渠道透出，进行预热。这样的透出过程，目的是直播时让消费者来观看以及转发。

（2）直播中策划

1）直播预热。指开场的热场工作，通常以抽奖或者其他形式进行直播间的第一波预热，引导转发。

2）引入正题。主播讲本次直播的内容和直播主题，包括整场直播会有的抽奖、优惠以及亮点。

3）产品讲解。根据脚本设计讲解产品，同时讲解活动规则，并引导转发、互动，通过话术达成加购、收藏、购买的目标。期间，助播需要回复问题、现场互动；客服需要对接消费者，进一步转化订单；中控人员在后台发送优惠券等；运营人员根据预算营销费用进行投放，以便引进流量。这些工作都是相互配合进行的，需要做到团队互动、场外互动、场内互动。

4）消费者互动。产品的讲解和与消费者的互动这两项工作是穿插进行的。点赞、关注、下单、抽奖、发优惠券等一系列互动和产品讲解是循环交替进行的。

5）下次预告。在直播结束时要进行答谢，一般也会安排一次抽奖，让大家记得下次直播的时间，也就是做下一次直播的预告。

（3）直播后策划

1）主播复盘。这主要是针对主播讲解的过程进行复盘，包括对产品的解说是否准确、与消费者的互动是否恰当、当流量增加时是否进行承接、单品介绍是否突出卖点本身、每一款产品的直播脚本是否用自己的话表达而不是背诵。通过关键节点逐一复盘主播的话语体系，抠主播的语言细节，同时在这个过程中去判断哪些问题会影响转化并对其进行优化。

2）数据复盘。通过分析数据，对整场GMV、营销费用、流量的引进与承接的效果进行复盘。我们都知道，GMV= 访客 × 转化率 × 客单价。通过这三个维度去抠细节，找到可以提升的角度再进行优化。

3）流程复盘。这一步复盘的主要是整个流程的顺畅度，其他部门的配合情况，特别是消费者在抽奖后与客服对接领取礼物、客服转化订单的沟通是否及时等问题，以及整场直播中突发状况的处理。

4）策略复盘。对整场营销策略可以优化的具体内容进行复盘，检查每个节点的营销策略是否达成了它的目标。比如，送一个礼物，最后这个礼物有没有体现出目标价值。这些都是营销策略复盘时要检视的问题。

优惠券的使用情况也是营销策略复盘的一部分。什么样的优惠力度更符合整场直播；发放的比例是否符合整场直播的流量；在秒杀环节或者在新品上架环节，什么时候上链接才最适合……通过对所有这些问题的复盘，优化下一场直播的营销策略。

5）方案优化。通过直播结束后的复盘，立即修改直播方案，在下次直播前以部门协同会的形式将修改后的方案传达给每一位团队成员并达成共识。

直播策划方案需要商家根据产品和直播时间等实际情况而定。比如，女装店上架新款，计划连续直播3天，那就提前策划好3天的大方案，以及每场的细节方案。表2-5是一个简单的直播策划方案。

表2-5 直播策划方案

流程	时间	内容	奖品
开播	19:55~20:00	开播抽奖	10张无门槛50元优惠券
直播介绍	20:00~20:15	介绍直播主题、奖品、产品	1. 点赞满多少送优惠券（限量2000份） 2. 分享直播间送优惠券（限量200份） 3. 每20万点赞抽送神秘礼品（彩妆/马克杯/定制赠品/化妆包等） 4. 全场满多少元送多少 5. 全场满多少赠多少
正式过产品	20:15~23:50	对于各个产品，根据脚本进行直播和互动循环	半点抽奖、整点抽大奖，不定期根据人气、关注、销售目的截屏抽奖，与主播连线、互动、抽盲盒
直播结束	23:50~24:00	直播结束答谢，预告下期内容，抽奖	抽礼物；下播送下次直播的优惠券，按在线人数的百分比发放

维护能力

——客户维护，让客户好评持续回购

当消费者下单后，就成了我们的客户。下单是我们与客户连接的开始，而这种连接的延续要靠后续的客户维护，所以具备客户维护能力对商家来说至关重要。

客户维护能力主要包括客户售后服务能力、客户入库规划能力、客户社群运营能力和客户裂变营销能力。

客户售后——客户售后服务能力

客户售后服务能力包括中差评处理能力、包裹卡设计能力和惊喜赠品设计能力。

1. 中差评处理——完美的解释可以拯救中差评

每个商家都会遇到中差评，有的是因为产品本身有不足之处，有的是因为购买过程中的其他体验有问题。如果是产品问题，那正好是消费者在给我们敲警钟，这也恰恰是产品突破的机会。如果是因为服务不到位或其他原因，那我们也刚好可以看看买家不满意的问题在哪里，从而提升我们的服务水平和软实力。

总之，遇到中差评的时候，不要急着想怎样杜绝它，而要想如何应对可以让中差评的价值最大化。我把中差评的应对分为以下三步：

第一步：第一时间和消费者沟通。我的经验是99%的客户都是可以沟通的，虽然也存在极少数恶意写差评的买家，但我们做的是大多数人的生意，不能因为极少数人的存在就否定大众人群，否定生意的持续性。

此时，我们要拿出最大的诚意给写中差评的消费者。因为沟通需要时间，所以要找专职的售后人员去沟通，售后客服这个岗位最重要的职责就是解决中差评的问题。

第二步：如果消费者不接电话，同时这位消费者又是恶意差评的话，我们就可以向平台投诉，并提供完整的证据，授权官方查看聊天记录。投诉一定要有理有据，也要慎用投诉，搜集足够的证据后才能去投诉。

第三步：如果给中差评的消费者在购物时的聊天记录很正常，或者买家确实对产品不满意，但多次都联系不上的话，这个评价就让它放着，我们只要在评价回复处做合理的解释即可。针对这个中差评的解释，是给新进店的消费者看的。因此，我们想让新的消费者看到什么，解释里就写什么。

解释中差评可以从三个方面表达：首先，让新来的消费者看到店铺遇到纠纷之后的态度是什么；其次，让新来的消费者看到店铺能提供什么样的售后保障；最后，让新来的消费者看到店铺能提供什么样的产品保障。

店铺有多少好评，消费者不一定会看；但店铺的差评，消费者一定会看。有时候，中差评利用得好，也能为店铺带来成交转化。

关于中差评的解释，文案要包含以下几个部分：

第一部分：诚恳道歉，不要问任何原因和理由，也不管是谁的问题。

第二部分：解释原因，一定要把出现问题的原因解释清楚。

第三部分：表达为解决这个问题所做的努力。

第四部分：给出具体的解决方案。

以下是我写的一个中差评解释模板，供大家参考。

第一部分：实在抱歉，茫茫人海中您购买了我们的产品，本来应该是我们缘分的开始，没想到让您不满意了，非常抱歉。

第二部分：非常感谢您就我们的产品反映问题。对于您说的这个问题，我们整个团队都非常重视，因为我们的产品测试标准是可以达到……（此处强调卖点），所以不知道为什么您收到的产品会出现这个问题，所以我们第一时间给您打了电话，想了解是不是在运输过程中损坏了。

第三部分：我们通过各种方式和您联系，想了解一下具体的原因，但是可能您很忙，一直不接电话，所以我们也非常着急，不知道问题出在哪里。

第四部分：如果您看到了我们的留言，请尽快和我们联系。我们会重新给您邮寄一件产品，并额外赠送您一个小小的礼物，以此表达我们的歉意。最后，我们要再次向您道歉，有您的监督，我们一定能把产品越做越好。祝您生活愉快！

这个中差评解释模板经过多个店铺测试，都达到非常好的效果，甚至有很多客户因此成为忠实客户。而且产品的转化率并没有因为中差评下降，甚至还有所提升。这就是中差评解释的力量。

2.包裹卡设计，加微信是唯一目标

很多商家在发货的时候，都会在包裹里放一张返现卡。这张卡通常印着一个笑脸，下面写着"满意请给5分"。每当看到这样的卡片，我就觉得可惜。因为通过这种方式进店的客户，几乎都不会成为我们的老客户。因为冲着红包来的消费者，领完红包就会屏蔽我们或是删除微信，他们加微信的动机和我们的期望是不一致的。

之前，我的一位做童装的咨询客户，就用了"加微信可领5元红包"的包裹卡，一下加了1000多位买家，但这1000多人始终没有任何回购，也没有带来任何分享。我开玩笑地跟客户说，他用5元红包成功把真正的客户拒之门外。

因为这位客户做的童装是中高端产品,买中高端童装的消费者一般不会为了 5 元红包加微信,所以他的包裹卡吸引来的不是目标人群。

再来说一位做家具的咨询客户的案例,因为家具是大件商品,所以小额红包没有太大意义。他就很迷茫,不知道怎么做包裹卡才能让消费者愿意加他。我给他的建议是,客户收到家具之后第一件事是安装,但不是所有人都能看懂安装图纸,我就让他在安装图纸的右下角放了一个微信二维码,并写上"不愿意看安装图就请扫码视频指导"。经测试,扫码率达到了 90%。

这个设计成功的原因是,客户的需求是希望有人指导他安装,而我们通过指导过程能让客户感受到店铺的贴心服务,他的体验感就会非常好,以后回购和分享的机会就更大。

其实,让客户扫码的方法有无数种,上面两个案例不过是冰山一角。只要理由足够充分,大部分客户都很乐意扫码。

经过这么多年的策划,我总结出了高扫码率包裹卡的五个必备条件。大家按照这五点来做,至少能做出一个 80 分的包裹卡。这五个必备条件是:

1)一定要提前把消费者的需求列出来,从中选择一个最适合目标客户的点。

想要钱,包裹卡就扫码抽奖、扫码领随机红包等;想要产品,那就扫码免费领新品;想要某种服务,就写扫码获得服务,如扫码指导安装、扫码终身售后、扫码终身领配件等。

2)包裹卡一定要简洁,不要放太多东西,不要要求消费者做太多事,不然客户就不想扫码了。先让客户加微信,有了沟通,再去做别的事。

3)包裹卡设计一定要简洁清晰,二维码要足够醒目,在它的左边写上行为驱动字样,右边展示扫码后能获得的好处。

4）时刻关注包裹卡的扫码率，每个月发出多少张包裹卡，扫码率是多少，统计出来，根据数据不断进行优化。

5）包裹卡只有一个目的，就是吸引消费者加微信，千万不要把包裹卡做成好评返现卡。这里不是说返现没用，而是要想明白返现是不是消费者的需求。

3. 惊喜赠品，提升评分的绝佳技巧

惊喜赠品可以非常好地提升动态评分。虽然整个评价看起来是由描述得分、物流得分、服务得分三项构成的，但归根结底就是一点——消费者的体验。如果消费者体验不好，你的描述、物流和服务做得再好，他也会打低分；如果消费者体验好，哪怕你30天后才发货，他也会给你五星好评。而惊喜赠品，就可以让消费者心情很好。

惊喜赠品就是消费者没有付钱，而且一开始并不知道会有的赠品，并且这个赠品是消费者需要的。这样消费者收到后，才会觉得是惊喜，才会开心。

几年前，有一位做汽车脚垫的学员找到我，说他总是遇到买家因为对赠品质量不满意给他差评，问我该怎么办。

当时他的营销策略是买汽车脚垫送遮阳板和毛巾，而且这两个赠品也写在了首图上，目的是为了提高转化率。但这同时也带来了一个问题，当消费者觉得毛巾和遮阳板的质量不够好的时候，就会给差评。

这其实是很微妙的心态，当我们提前告诉消费者他能得到什么赠品的时候，消费者就会觉得这些赠品是他花钱得到的，一旦赠品质量没他想像的好，他就会觉得上当了，然后气愤地给差评。

我给这位学员的整改方案是：把这两个赠品直接改成惊喜赠品，因为我们分析了之前的所有订单，发现客户买不买这个产品和他送的赠品没有太大关系。当我们把它们改成惊喜赠品后，差评少了很多。

后来我们又在包裹里加了一张说明卡片，上面写着："您好，感谢您购买我们的产品，天气炎热，我们为您准备了一个遮阳板和两条毛巾，如果您在室外给您的爱车安装汽车脚垫的话，希望一个小小的遮阳板能给您带来一些凉爽。两条毛巾方便您安装脚垫后能清理一下车内，同时让我们为您擦擦汗。如果您在安装和使用过程中有任何需要，欢迎您和我们联系。"

这段话表达了三个要点：第一是告诉消费者我们赠送了遮阳板和毛巾；第二是告诉消费者遮阳板是做什么用的；第三是告诉消费者毛巾是让消费者在安装过程中擦车或擦汗用的，和家里用的洗脸巾是不同的。

这样改动后不到一个月，店铺的动态评分就从 4.7 提升到了 4.8，甚至很多消费者还主动找客服，说赠品让他们觉得既惊喜又贴心。

客户入库——客户入库规划能力

客户入库规划能力主要包括客户统计和首次沟通、客户激活互动、VIP 会员制度的设置。

1. 客户入库——客户统计和首次沟通

客户入库就是将客户的详细信息录入系统。比如通过包裹卡添加的客户，不是加为微信好友就算入库，而是要把这些客户是谁、买过什么东西、有过几次沟通、有过几次回购等信息入库。

那么，客户入库的时候该怎么做呢？第一，要明确这个客户是谁，对他进行统计和分类；第二，要进行沟通，把客户从陌生人变成有基础信任的人。

在社会学基础关系学里有这样的说法：陌生人经过三轮沟通就能变成熟人。所以客户添加微信后，我们要设计一个三轮的沟通。下面我就以加微信领红包为案例进行解析：

客户添加微信之后，商家的第一句话可以说："您好，很高兴认识您，请您提供一下您的昵称，我这边核实一下，马上给您发红包。"

解析：这句话有三层含义：第一层，建立了认识的关系；第二层，统计客户信息，但不要让客户提供特别复杂的信息，只需要提供昵称；第三层，第一时间兑现承诺，即"马上给您发红包"。

第二句话（此时红包已发出了）：首先感谢您的支持，另外，我需要和您核实一下产品有没有问题、和您预想的是否一样。如果产品有问题，您可以随时找我，我会一直为您提供售后服务。

解析：第二句话最大的意义在于，收到货后买家还能感受到卖家的诚意与服务。核实买家对产品是否满意，如果买家不满意，商家要马上解决；如果买家满意，商家再说第三句话。

第三句话："非常感谢您的认可。这边还有一个不情之请，能不能耽误您1分钟的时间为我们做一个评价，您的评价对我们很重要，如果我们的产品让您满意的话，能不能给我们评个分，我们需要您的支持。"

解析：这里不用强调评5分，因为如果客户愿意，他就会打5分；也不要让客户写评价，只要最重要的评分就行。当客户告诉你已经评好分之后，一定要再给他发个红包，红包的名称写"非常感谢"。

当说完第三句话后，很有可能出现一种情况，就是客户不再继续回复。这时我们可以直接发个红包，写上"非常感谢"。经测试，如果客户领了红包，90%会愿意打分和评价；尽管存在10%领了红包但没评价的，但这对于我们来说也不算什么大的损失。

接下来，我们就要在客户的微信名后面做好备注："好评后发红包""发红包后好评""领了红包未评价""一直没理会"。同时,让专职客服做一个表格:a 表示好评后发红包;b 表示发红包后好评;c 表示领了红包未评价;d 表示没理会过。进行客户统计和入库时一定要录入完整的信息,这样才有价值。因为我们后期还需要与这些客户沟通,这样记录后就能区分哪些客户更好沟通。

如果包裹卡上写的不是发红包,商家根据实际情况更改一下第一句话即可,第二句和第三句不变。

2. 客户激活——提高买家黏性和互动

客户激活就是刺激微信里的客户响应我们。很多时候,我们的微信里看似加了很多客户,但发起活动时却没有人响应。客户维护的目的就是希望他们能带来销量和好评、参加店铺活动、点赞、收藏、给直播捧场等。但如果客户毫无响应,那所有的客户维护工作都是白做。这个时候,就需要我们做激活这件事了。

以经营置物架生意的咨询客户为例:其店铺想做一个活动激活客户,因为他微信里的 3000 多个客户基本都处于"死粉"的状态。在这样的情况下,我们先要实施一个激活的策略。

我建议他先群发一段消息:您好,有您一份礼物即将送出。我是××店铺的××,感谢您曾经购买我们的产品。好久没和您联系,是不想打扰您。还有一个星期就是店铺五周年纪念日了,我们为您准备了一份礼物。有您的支持,我们才能一直进步。麻烦您告诉我们您现在的收货地址。我们的活动时间只有 24 小时。谢谢您的支持。

当时,这段话发出后的 24 小时内,3000 个粉丝中有近 300 人回复消息,激活率是 10%。后来这名客户把这段话发布在朋友圈,也陆续有人回复。

案例解析：

这段话有几个要点：

第一，第一句话必须非常有吸引力，否则客户可能不会点开消息，甚至直接删除；第二，一定要介绍自己是谁，不表明身份很容易被客户误以为是骗子；第三，礼物要有足够的诱惑力；第四，一定要有送礼物的理由，比如"还有一个星期就是店铺五周年的纪念日"；第五，一定要有明确的时间限制，比如"我们的活动只有24小时"。

客户激活的意义在于发现哪些客户以后可以联系、哪些无法联系。如果没人理会激活策略，就只有两个原因：要么是诱饵的吸引力不足，要么是这些客户已经无法激活了。但是，不管怎么说，客户激活必须做。

3. VIP会员制度——客户需要特殊待遇

设置店铺VIP会员制度，能让客户感觉到被尊重、被特殊对待，同时还能享受权利和福利。如果产品有足够的回购性，那么VIP制度就会发挥很大的功效。

首先，不要将店铺VIP会员制度设置得太复杂，根据消费者的购买总金额，分成三个等级就够了。高等级的会员可享受的福利和优惠力度更大。

店铺VIP会员的入会门槛，一般按购物满多少金额或者购物满多少笔来设置。普通VIP是针对没有信任基础的消费者，所以门槛要低一些。假设店铺平均客单价是100元，那么普通VIP的门槛设置成客单价的2倍就够了。另一种门槛设置方式是要求消费者充值，比如充100元享200元。一个人充值了，他的回购频次就会增加，甚至还会带来转介绍。充值的方式比较适合老客户，对于新客户不建议使用。另外，能否让客户愿意充值，就要看充值策略的诱惑力是否足够大。

其次，会员待遇方面，并没有固定标准，打折、指定会员日、顺丰优先发货等形式都可以。此外，还可以提供一些特殊售后，比如配件损坏时全部包赔、购买的产品终身保修等。只要三个会员等级对应的福利或权利有明显的区别就可以了。

最后，要设置会员制度的展示渠道。在后台设置会员制度后，我们还需要在店铺导航栏增加一个会员专享页面，点进去就能看到会员制度的详细介绍。同时，也可以在包裹卡里放一张会员权益介绍卡片，让客户加微信成为会员。另外，还可以通过客服引导客户加会员，比如客户买了90元的产品，客服可以提醒他再买10元就能成为会员，并向客户介绍成为会员会得到什么好处。

如果产品的复购和传播性非常好的话，做好会员制度对店铺有很大帮助。

客户留存——客户社群运营能力

1. 客户留存是什么？

客户留存就是让客户不要删除商家的微信，以及让客户不要忘了自己。

很多人认为，只要这个客户在自己的微信里就是自己的客户。其实不然。因为客户并不知道你是谁，所以这不是留存。

客户留在微信社群里，他的目的和动机是什么？作为商家，我们做客户留存的目的和动机又是什么？只有这两者完美地匹配，客户留存才是有意义的。

我们要用微信朋友圈和微信社群来做客户留存，只有这里才是最适合经营私域流量的战场，但并不是有一个微信群就可以说有社群了。

2.为什么要做客户留存？

只有做好留存，才能增加回购，才有可能帮助自己裂变，才能更好地和客户互动。特别是在互联网的下半场要做"留量"而不是流量。只有服务好老客户，做好从买家通过流量进店购买到客户售后、入库、留存的每一步，才会有之后的裂变和复购，进而形成一个闭环。

3.怎么做客户留存？

我们的目标是让客户记得我们，其底层逻辑就是和客户建立连接。那么怎么和客户建立连接呢？客户又凭什么要和我们建立连接？这两个问题的答案都是——好处！但客户需要的好处有哪些？我们怎样才能全方位满足客户的需要？

首先，可以是物质上的好处。比如在朋友圈发优惠券、节日的礼券，或是特别日子的礼物等。

其次，可以是精神上的好处。比如分析客户是哪一类人群，他们需要什么信息，再使用这些信息去呈现分享的内容。我们一定要清楚地知道客户喜欢什么，然后再想怎么发文案。

再次，可以是服务上的好处。如果产品本身需要售后服务，那就把我们的售后服务展示出来。如果产品不需要售后服务，那就展示我们的附加服务。比如经营女装生意的话，我们可以在朋友圈分享穿搭攻略、各种实用的变美技巧等。

最后，我们需要将所有事情在朋友圈展示出来，因为社群运营维护包括社群维护和朋友圈维护。

客户裂变——客户裂变营销能力

客户裂变营销能力主要包括：通过客户裂变让老买家带来新买家，通过短信营销让潜在客户成交。

1. 客户裂变,让老买家带来新买家

什么是客户裂变?

客户裂变就是老客户把产品介绍给一个新客户,这个新客户又把产品介绍给另一个新客户。一个人传播给两个人,两个人传播给四个人,这就是裂变。

拼多多的拼团、砍价,都是这个模式。客户裂变听起来非常神奇,但如果没弄清它的核心问题——客户为什么愿意传播,客户裂变就无法达到效果。

之前我有一个客户是这样做裂变的:只要通过老客户介绍来的新客户成交了,就返20%的佣金给这个老客户。而他的产品毛利只有30%,他觉得自己给了这么高的佣金,裂变的效果一定很好。结果这个方案执行了一个月,只有不到5个老客户介绍了新客户,可以说是非常失败。

案例解析:很多人认为,只要给客户好处,客户就愿意传播。但我们可以换位思考一下,你会不会为了20%的佣金把一个产品推荐给自己的朋友,90%的人都不会。因为当把赚钱这件事说得特别明显的时候,很多人是不太接受的。

想做好客户裂变,就必须解决这个尴尬的问题。我们可以按照以下这五个问题来设计客户裂变。

第一,了解产品的用途是什么、客户是谁、他们有什么需求、有没有场景可以辅助介绍这个产品。

第二,了解传播的动力是什么。客户的需求不一定是钱,动力是建立在做好产品和服务的前提下的。

在我的咨询客户中，有一位做儿童玩具的商家，她的产品主要是小龄儿童玩具，我针对他的店铺设计了一个1折卡的裂变活动。

我们在每个包裹里放三张1折卡，每个id只能用一张。同时说明，只要新客户来店铺用1折卡消费了，我们会额外赠送一个小礼物给老客户。此外，包裹里再放上一张海报，海报上印上可以使用1折卡的所有产品，并把1折价也写上去。经过两个月的测试，这位客户的多个微信号总共加满了5000人。

第三，传播载体的设计。

就拿上文1折卡的例子来说，这张1折卡就是传播载体。如果通过文章裂变，那么文章就是载体。想让客户传播，一定要有传播载体。如果是线上传播，载体可以是一段文案或者一篇文章；如果是线下，一定是有实用价值的东西。

第四，传播载体能给新客户带来什么，我们希望新客户做什么。

第五，是否也让新客户用同样的载体去传播。

2. 短信营销，成交潜在客户的利器

短信营销就是以短信形式触达客户，通过发放优惠券、抽奖等和客户建立链接，并引导客户进行下一步。我们可以通过客户运营平台或者第三方短信群发工具，给已购买过的客户发短信。

短信营销用得好，效果非常明显，但短信营销也很容易变成骚扰信息。只要我们发出去的短信能有10%~20%的回流，效果就已经非常好了。这样算下来，投入产出比也是很不错的。

由此可见，我们做短信营销唯一要解决的问题就是，不让客户觉得我们的短信是打扰。植入，是最好的办法。

把短信植入到需要和客户沟通的每一个节点。第一个节点是拍下未付款；第二个节点是付款了正在等待收货；第三个节点是收到包裹，也看到了产品；第四个节点是产品已经使用了一段时间。这四个节点是客户和商家有联系的时间节点，在这些节点发短信给客户，他们一般不会觉得是干扰。

这四个时间节点适合发的短信内容，我都整理成了一个模板，大家只需根据自己的实际情况更改一些细节，就能直接套用。

第一个节点，拍下未付款——通过短信提醒付款："亲亲，现在付款，下午4点前会发货，另外24小时内拍下付款，我们都会赠送您一个小礼品。"

第二个节点，付款了正在等待收货——发出货物后通过短信提醒："非常感谢您的支持，您的产品我们已在X点为您发货，请注意查收。"

第三个节点，客户收到包裹也看到了产品："亲，我们看到您已经收到货了，请问您收到的货品有没有问题。包裹卡里有我们的联系方式，有任何问题都可以随时与我们联系。祝您生活愉快。"

第四个节点，已经使用了一段时间："亲，您好。我们的产品您使用了一段时间，我们想了解一下您的使用情况。如果您使用得好，希望您多多分享，在使用过程中您碰到任何问题，都可以随时与我们联系。"

短信营销的操作和话术都很简单，重点就是把握好发短信的目的和时间。

电商经理的成长笔记
从新手到高手

第3章

具备这些电商管理能力,实现从新手到高手的突破

品牌定位
——建立品牌在消费者心目中的认知

什么是电商品牌定位

电商品牌定位和传统的品牌定位本质是一样的。只是电商发展的速度太快,从早期只要上架就能卖货;到只要懂一点运营,会直通车营销、会做推广、懂参加活动,就能卖货;再到现在要和数以千万计的店铺抢流量、拼价格。没有品牌定位或品牌定位不清晰,就很容易被淘汰。电商早已不再是新兴行业,它回归到了商业的本质。

电商平台只是一个渠道,我们做品牌定位的方法,和传统企业没有区别。但因为这本书是电商经理成长笔记,所以我还是把它称为电商品牌定位。

电商品牌定位是指让消费者想买某类产品时,第一时间想到某个品牌。比如,买休闲零食会想到良品铺子,买精油会想到阿芙,送礼会想到小罐茶。反过来说,电商品牌定位也就是消费者想到某个品牌时脑海出现的第一个关键词。

电商的本质是零售业,只是它的交易过程是在线上完成的。电商只是改变了传统生意的销售方式,并没有改变品牌需要在消费者心中建立认知才能赢得市场这一商业的本质。

在电商早期迅速发展的时候,很少有人意识到这个问题。但随着电商越来越成熟,很多商家已经有了品牌意识。品牌定位成为商家抢占消费者心智强有力的武器。电商只有品牌定位准确,才能少走弯路、少走错路。下面我通过 2 个案例来说明品牌定位的价值。

1. 小熊电器——通过细分人群成功占领市场

小熊电器最核心的战略定位是做细分人群。大部分家电企业是面向所有人群的,而小熊电器从这个被格力、美的统治的红海中,切分出一个以一二线城市的年轻职业女性为主的人群,并针对这一人群提出了"萌家电"的品牌定位,通过小家电市场这一细分赛道在家电市场拼出自己的立足之地,占据了稳定的市场份额。

下面我们就来分析一下小熊电器品牌定位的主要策略。

(1)定位目标人群:针对 80 后和 90 后群体,以一二线城市的女性为目标人群,主要针对单身上班族、年轻的亲子家庭、年轻女性、宿舍人群。这些人希望提高生活品质、关注特殊生活场景便捷度、崇尚颜值,还有点懒。

(2)提供满足目标人群需求的产品体系:小熊电器的产品体系,满足了年轻人工作之余在生活场景中想要"偷懒"的愿望。尤其是年轻的女性人群,她们工作压力大,所以更希望有简单方便的小家电能帮她们提高生活的便捷和品质。此外,小熊电器也满足了她们对颜值的要求,非常适合在朋友圈晒一晒自己的精致生活。小熊电器基于这一系列的需求打造相应的产品,从而不断完善自己的产品体系。

比如,电热饭盒这个产品,就是为了满足年轻人的带饭需求应运而生的。不用吃容易发胖的外卖,还能省钱买漂亮的衣服和护肤品,是多少女性的梦想,小熊电热饭盒的出现,就满足了她们的这些需求。加上电热饭盒无论是设计还是色调，都呈现出浓浓的少女风，再配合少女风的产品介绍页面，没有哪个女性拒绝得了。

（3）认知触达：小熊电器原本是一个线下的品牌，但它通过在电商平台上线，突出自己的品牌形象，进行营销推广，完成了首次触达。完成品牌定位后，其整体产品风格、色系和价格都符合目标人群定位，并通过电商平台在短时间内迅速占领消费者的心智。

（4）认知强化：小熊电器提出"妙想生活"的理念，并在各大媒体进行营销，同时通过朋友圈广告、直播营销、场景体验、线上线下的整合营销，让品牌与消费者互动，并在消费者心中强化品牌认知。

小结：小熊电器通过品牌定位整合线上线下营销，强化品牌认知，在小家电这个细分人群的赛道成功突围，成了"萌家电"的创导品牌。

2. 野兽派——从一家花店到艺术生活综合品牌

野兽派是在微博诞生的品牌。它的品牌定位，早已从一家有故事的鲜花店变为高端艺术生活综合品牌。

（1）定位目标人群：文艺青年、新中产阶级消费者，女性居多，喜欢尝试新事物，追求更有品质的生活，不再单纯关注产品是否实用，更关注品牌与自身的关系以及产品是否有意义。

（2）提供满足目标人群需求的产品体系：消费者讲一个故事，野兽派就用这个故事做成一束独特的花束。野兽派卖的是故事，不是花，通过感性的故事营造美好的想象，用情感去满足消费者内心对浪漫生活的向往。之后将产品线拓展到生活相关的品类，采用的也是"一眼高端"理念——卖的不是产品本身，而是目标人群对美好的向往。

（3）认知触达：通过故事在各大媒体进行病毒式情感营销，每个人都喜欢故事，野兽派就把故事做成花束，让自己也成为浪漫故事中不可或缺的元素。

（4）认知强化：野兽派选择符合自己品牌调性和理念的场所开店，但从不介绍鲜花，而是讲述鲜花背后的故事。同时也经常为明星婚礼服务，开设花卉艺术课程，不断地强化品牌的高端形象。

小结：野兽派通过故事营销让自己区别于其他花店，通过精准的人群定位、精准的产品体系打造，不断触达和强化品牌，从一个卖鲜花的品牌拓展成一个倡导艺术生活方式的品牌。

小熊电器和野兽派的成功，都是因为有精准的品牌定位，让其营销方向明确、火力集中。在商品供大于求、同质化严重的今天，想要规避价格竞争，电商品牌定位是唯一出路。

为什么做电商品牌定位

上一节我们讲解了什么是电商品牌定位。这一节，我们就讲一讲为什么一定要做电商品牌定位。

在如今的商业大环境中，只有做好品牌定位，消费者才能清晰地知道品牌是谁、品牌为谁提供服务、提供什么产品、可以满足什么需求或者解决什么问题。如果没有品牌定位，就无法精准圈定目标人群，产品体系和定价就会有偏差，品牌容易陷入价格战，页面呈现方向也会不明确，拓展其他平台更容易无从下手。总之，没有品牌定位就很难做出精准且相对科学的决策。

没有品牌定位的企业会多走很多弯路、偏路。有了品牌定位，相当于指出了一个非常清晰的发展方向。

企业最理想的状态是先有品牌定位，再有相应的产品，这样开发的所有产品都是精准针对目标人群的。但理想的状态极少发生,我们大部分的电商企业,都是做了十几年网店,产品体系已经完全固定,品牌定位仍然不清晰,到现在依然没有精准的目标人群。很多电商企业虽然也知道要做品牌定位,但不知道怎么做,或者不知道怎么定位。

品牌定位就是找到一个细分领域的精准人群,根据这个人群定位做取舍,重新制定商品企划、商品定价,并进行品牌形象设计与传播,从而在消费者心目中建立起对品牌的认知。通俗地讲,就是对现有的产品和人群进行系统的分析,基于原始产品体系建立一个与市场相符、但又区别于竞争品牌的差异化品牌定位。

确定品牌定位后,必然需要砍掉一部分现有的人群和产品,同时上架新的符合品牌定位的产品。这个过程是痛苦且艰难的,但完成之后,品牌的后续发展会越来越精准。

去年,我在杭州的一个大型商场看到 CHUU 这个女装品牌,当时就觉得它的门店整体形象非常亮眼。海报上模特的穿搭风格清晰鲜明,甜辣、潮酷、自我、小众。当时商场人不算多,但 CHUU 里挤满了挑选衣服的时尚女生,而其他门店却门可罗雀。

我之前在网上看到过这个品牌,那时这个品牌并不出众,但这两年突然流行起来。这个从网店起步,如今已进入一二线城市的大型商场且拥有巨大线下流量的品牌,成功引起了我的注意。

我有个习惯,就是喜欢分析各种品牌的商业模式。在对 CHUU 的线上布局和商业模式进行分析后,我发现,它的成功离不开准确的品牌定位。正因如此,它才能在线上线下竞争都异常残酷的女装市场找到自己的细分领域,并在消费者心目中建立起精准的认知。

1. 做好品牌定位，才有精准的目标消费者

CHUU 品牌案例分析：

CHUU 创立于 2012 年，是韩国 PPB Studio 旗下的快时尚品牌。其目标人群主要是 18~24 岁、25~30 岁这两类人群。她们是有一定消费能力的时尚女性，可能是白领、自由职业者，属于中高收入群体，以单身女性居多，她们购买服装通常是买给自己，或者和闺蜜一起买。这个人群对款式要求高，喜欢款式新颖、多样、好看的服装，愿意尝试多种搭配，追求时尚，喜欢潮流，在意性价比又看重品牌，渴望展现最好的自己。这个群体基本在一二线城市和三线城市。

从 CHUU 的设计风格、搭配风格以及选择的模特来看，CHUU 在不断给目标人群输出鲜明的品牌定位。CHUU 的衣服时尚个性，用色大胆，无论搭配还是款式都紧跟流行。同时，风格也不会过于单一。在总体的品牌风格下，CHUU 通过改变单品的搭配方式，满足目标人群或可爱、或性感、或时髦、或甜辣的风格需求。我认为，这也是这个品牌能成功从线上转型线下的关键。

2. 做好品牌定位，才能开发出满足精准人群的产品体系

之前有很多店铺向我咨询，说自己的产品体系很乱。我相信这个问题也是大多数网店的问题，没有品牌定位，今天这个好卖就卖这个，明天那个火爆就卖那个。但线下企业品牌意识会更强，打造企业品牌也更专业，这也是线上企业要向线下企业学习的地方。

我一直觉得，有时候站在问题的同一层面是解决不了问题的，只有站在更高层面才能解决，这就是降维打击。比如解决产品体系混乱这个问题，就不能只站在产品的角度想怎么解决，而是要站在品牌定位的角度去解决，

而且只要品牌定位清晰了，产品体系自然就清晰了。

我们找到了精准人群，就去思考他们在想什么，然后设计能满足他们需求或能帮他们解决问题的产品体系。知道了人群是谁，也就能知道他们对什么感兴趣，选择产品的时候在想什么。

当品牌定位明确了，那针对精准人群去开发的产品体系也会变得明确。上架的每一款产品都是精准人群的需求，商家再也不需要使用哪个好卖卖哪个、别人卖什么我就卖什么的打法，而会建立自己的产品开发节奏。

CHUU 品牌案例分析：基于品牌定位的精准人群产品开发体系

我分析了 CHUU 的上新节奏。以 2021 年 12 月的店铺数据为例，CHUU 的天猫旗舰店一个月内共有 5 次上新，每次上新 20~30 款商品，一个月总共上新 100 款以上。作为一个针对年轻女生的潮搭快时尚品牌，这个上新节奏是非常好的。

它的上新品类侧重于品牌的主打品类：毛针织衫、T 恤、休闲裤、卫衣绒衫、牛仔裤和连衣裙，基本舍弃了羽绒服和毛呢外套。像毛呢外套一般采用双面羊绒，成本非常高，客单价就会比品牌定位的客单价要高出很多，选择毛呢外套的人群年龄也比品牌定位的人群年龄大，所以毛呢外套确实不适合品牌的年龄定位和价格定位。由此可见 CHUU 对目标人群需要的产品品类是非常了解的。

此外，12 月的上新中，新品售价的占比分别是：150~250 元占比 26.45%，250~400 元占比 48.53%，以该价格区间的产品为主。由于搭配是 CHUU 的亮点，因此很多消费者都是成套购买的，这样也就提升了客单价。但即便是成套购买的客单价略高，也是在品牌精准人群能接受的价格区间内，且与商场同类女装相比，价格略低，同时时尚度又高出很多。

3. 做好品牌定位，才能决定用什么方式呈现产品

确定了品牌定位，所有的呈现方式就有了方向。品牌呈现方式包括平台选择、颜色设计、页面设计、营销方式选择、内容生产等。

下面我就从平台选择、颜色设计、页面设计、营销方式选择、内容生产这5个方面来分析CHUU是如何做品牌呈现的。

在平台选择上，CHUU选择了天猫、小红书、抖音、得物这些平台。女装产品的首选平台一定是淘系电商；小红书是聚集优质女性用户的平台，且目标人群和CHUU一致；抖音是如今所有品牌需要抢占的电商平台，同时消费者在抖音购物的习惯也逐渐形成；得物则是潮时尚品牌的选择。CHUU就通过运营这几个平台增加曝光，扩大了自己的知名度。

在颜色设计上，CHUU运用了大量的流行色彩，比如去年流行绿色，其旗舰店的全部页面，包括产品设计中，都运用了绿色。当然，它也会随着色彩流行而变更，但不变的是品牌定位中对于色彩的定位一定是紧跟时尚潮流的流行色彩。

在页面设计上，打开CHUU的旗舰店，第一感觉是页面的设计风格统一且时髦，每一处都在突显品牌调性。因为是潮搭快时尚品牌，所以首图中运用的是多模特，同时拍摄风格、图片色调，以及模特的妆发、表情甚至眼神和情绪，都在准确传达品牌定位。模特身上搭配的包、皮带、袜子也都是品牌自己设计的，符合品牌自身调性的。

在营销方式选择上，CHUU也有自己的节奏。它把上新时间定在零点，和大部分网红模式女装上新的时间点一致——零点前直播，零点准时上新抢购。这样就形成了与粉丝的互动以及饥饿营销。CHUU的全店流量来源中，免费流量主要来自手淘推荐、搜索、日常营销活动和"拍立淘"等。

其中购物车是它最大的免费流量来源，由此可见，CHUU 的粉丝黏性很高，复购也很频繁。此外，CHUU 的定价是全球线上线下同价，店铺常规优惠只有会员积分的形式，并没有其他过多的优惠券营销。CHUU 经常采用购买多件送配饰的营销方式。这个营销方式非常精准，因为 CHUU 的产品可以搭配出很多可能性，有时一个配饰能让整套搭配更出彩，这样就能促进消费者购买多件。

在全民自媒体和 KOL 影响巨大的背景下，CHUU 在内容生产上也下了很大功夫。除了品牌自身的搭配和分享，CHUU 还会推出一些明星合作款，也会在小红书上和很多 KOC、KOL 合作，去增加品牌的曝光度和知名度。

通过对 CHUU 的分析，我们不难发现，虽然品牌定位是一个艰难又烦琐的任务，可一旦有了清晰的品牌定位，后续的所有工作都能有的放矢、目标明确、有条不紊地进行。

怎样做电商品牌定位

前文中我们针对 CHUU 做了品牌定位分析，下面我们就来详细说一说品牌定位应该如何去做。

我习惯把品牌定位分成两个部分：一个是确定品牌定位，另一个是品牌定位的落地行动。

1. 确定品牌定位

确定品牌定位就是，通过分析自身产品所在的目标市场、竞争品牌的定位，以及自身的产品体系，找到品牌产品精准的细分领域，通过差异化定位，让自己的品牌区别于竞争品牌，形成一个属于自己的品牌定位概念。

首先，分析市场。分析市场主要是分析产品所在目标市场的产品容量有多少、整个行业的增长情况如何、产品的最高销量是多少、行业的TOP商家是哪些，以及它们分别在什么平台。

其次，分析竞品。我们要找到产品所在的目标市场，找到竞争品牌。不是所有做同类产品的都是竞品，我们想切入哪个细分市场，这个细分市场的产品才是我们的竞品。

分析竞品最重要的是找准竞品，只有和我们抢同一类型消费者的产品才是竞品。即使产品一样，但对方并不和自己抢同样的消费者，也不算我们的竞品。比如，肯德基和麦当劳是竞品关系，因为它们抢的是同样的消费者；但肯德基和华莱士就不是竞争关系，因为它们的目标消费人群不一样。

再次，分析自身。我始终坚信，每个企业都有自己独特的部分。分析自身就是要找到自己和竞品的差异点，突出自己的优势，增加品牌辨识度。自身分析包括分析竞品是谁、我是谁、我怎么去和市场竞争、产品有没有优势、价格有没有优势、资金有没有优势、服务有没有优势等。如果什么优势都没有，就无法抢占市场。

以次，找到差异点。要想找到差异点，可以从多个细分处着手，比如，细分一个价格段，这个价格段背后就是一个细分人群；细分一个年龄段，这个年龄段背后也是一个细分市场；细分一个人物特点，比如小个子女装或大码女装。无论如何，我们一定要找到这个细分的市场空间，在这个市场空间里进行深挖，再找到可切入的差异化定位。

最后，形成品牌定位。经过以上分析之后，我们最终会形成一个比较准确的品牌定位。但这个定位只有我们自己知道是不够的，需要落地实现，在消费者心目中建立起我们想要传达的品牌认知。

2. 品牌定位落地行动

品牌定位落地行动是指针对品牌定位进行目标人群定位、产品体系更新、品牌认知触达,最终在消费者心目中建立起对这个细分领域与品牌之间的关联性的认知。

（1）目标人群定位

人群定位是品牌定位的基础,更是品牌定位成败的决定性因素。尤其是在所有平台都在把个性化做到极致的今天,一定要不断深挖目标人群定位,挖到不能再细为止。

表3-1是我这几年不断优化升级、每一次分析都会拿出来用的人群细分表格,大家可以把它作为参考,.根据里面的九个要素完成自己的目标人群定位。

表3-1 人群细分

年龄	性别	职业	收入	婚姻状态	谁买给谁	购买原因	情绪兴趣	知识兴趣
6~17岁	男	大学生	无收入	单身	买给客户	喜欢	社会时事	创业财经
18~24岁	女	宝妈	低收入	未婚	买给自己	投资	帅哥美女	旅行户外
25~30岁		打工人	中收入	已婚	买给老婆	刚需	搞笑娱乐	汽车房产
31~35岁		创业者	高收入	离异	买给老公	炫耀		健康养生
36~40岁		待业者			买给长辈			职场发展
41岁以上		中小学生			买给孩子			投资
								美食家居
								母婴育儿
								穿搭美妆

（2）产品体系更新

确定品牌定位后，一定会涉及后续产品体系的优化和更新。我们要从品类规划、产品规划、产品定价这几个方面进行调整，其中做好产品的取舍尤为重要。

1）品类规划：原有的品类规划一般是根据全年的营销节奏、市场分析以及去年同期的数据进行全年品类布局，这一点不变。我们要做的是对里面的品类进行取舍或者创新，让它符合现有的精准人群定位。

2）产品规划：原有的产品规划依然不变，比如设置引流款、利润款、形象款，但要对产品进行取舍，坚决砍掉不符合品牌定位的产品，同时要保证至少有1~2类符合品牌定位的强势产品，这些就是我们的核心产品。让这些产品不断触达消费者，不断强化消费者对品牌的认知。

3）产品定价：根据市场爆品价格、产品的历史销售价、同类竞品的价格、人群消费能力，以及不同季度、不同的产品线分门别类制定价格区间的方式也不需要改变，我们只需要将价格体系进行调整就可以了。比如目标人群能接受的价格是200~400元，那么我们就不做或者少做500~600元的产品。这样能让品牌价格定位更清晰，也更能抓住品牌的主要消费人群。

（3）品牌认知触达

品牌认识触达包括在哪里触达和以什么方式触达。由于每个企业的目标人群、产品体系、定位都不一样，我们要根据自身需要选择渠道和平台，并不需要所有的渠道和平台都做。

1）关于在哪里触达

消费者在哪里，我们就出现在哪里。触达渠道可分为线上和线下。线上可以通过各大电商平台，比如天猫、淘宝、京东、唯品会、得物、小红书、拼多多、抖音、快手等平台的自有店铺触达；通过各个社交媒体，比如微博、小红书、抖音、快手、公众号、视频号、朋友圈、社群，以及各平台的自有媒体进行触达。线下可以通过线下粉丝见面会、线下品牌活动、线下门店等进行触达。

2）关于以什么方式触达

当有了商品，并在线上线下做好布局后，就需要用品牌营销计划有规划地进行触达。这包括分析竞争对手、做品牌推广预算、设计品牌线上线下活动、根据商品企划来制定每一次的营销活动方案。

（4）品牌认知强化

完成首次认知触达后，需要不停地让目标人群感受到品牌态度，不断强化目标人群的品牌认知，这就是品牌认知强化。

进行品牌认知强化的方式有全年营销活动策划、根据营销节点和官方营销节奏制定的营销日历、特色周年庆活动、微博营销、社群营销、小红书营销、买家秀营销、明星或KOL合作营销、事件营销、品牌公益行动、线下的快闪店活动等。完成品牌认知强化需要反复做这些活动。

品牌定位的结果就是，让目标消费者清晰地知道我是谁、可以满足他的哪些需求、为他提供什么样的产品、在哪里营销。

当消费者有和某个品牌相对应的需求时，他就会第一时间想到该品牌，并且愿意反复购买、分享给身边的人，这就在消费者心目中建立起了对于该品牌的认知。

团队建设
——打造高效的电商自动化运转团队

组织架构——环环相扣的电商组织架构

要打造高效的电商自动化运转团队,就要有一个横向、纵向沟通都畅通无阻的扁平化组织架构。

这里的扁平化不在于架构形式,因为每个公司的情况不一样。扁平化是指要真正做到横向沟通畅通,并能保证协同。

现实中,大部分的组织架构上下沟通的时候都比较畅通,但部门与部门之间、跨部门的员工与员工之间,就容易出现"断联"。

扁平化组织架构可以让每一个部门的岗位职能和职责更加清晰,当管理层发现某个环节上存在问题需要优化改革时,能更加直接精确。

扁平化组织架构的横向沟通重点在于,团队的整体协作不会出现部门之间的"断联"。特别是在变化非常快的电商行业中,团队的反应一定要快速、精准。

对于员工来说,扁平化的组织架构能让员工意识到自己工作的重要性,让各部门的连接更加紧密,任意岗位上的员工经主管同意都可以发起部门会议以及跨部门会议去沟通和解决某个问题,同时将会议结果在公司内部网公布。如果涉及解决某个工作"断联"的问题,可以由部门主管与发起人一起做 SOP 进行跨部门协作流程优化,这样下次这个点就不会出现"断联",协同工作才能环环相扣、更加高效。

清晰的职责划分，可以让员工更清楚地掌握自己的工作内容，了解自己需要加强哪些技能，意识到工作中失误会对其他哪些部门有影响、对公司又会有怎样的影响。

图 3-1 是我整理的公司组织架构图，供大家参考。每个公司可以根据自身的实际情况在大框架下增加或删减。

1. 组织架构图

一个较为完善的电商公司，一般可以分成十大部门。财务部和人事部属于职能部门；产品部负责从开发到生产商品的全链路，其中包括设计部、生产部、技术部、采购部等，实际设置根据企业产品的研发和供应链体系决定；客服部属于电商的前线部门；仓储部属于负责后端打包、发货、退货工作的服务部门；运营部、新媒体部、直播部、抖音部均属于运营部门，公司可以根据产品和目标人群选择相应的平台开展相应的运营业务；视觉部负责整个品牌的视觉输出，包括拍摄策划、页面呈现设计、海报制作等。

2. 各部门岗位职责

在对十大部门有了初步了解之后，我们就要清晰地知道每一个岗位对应的职责和要求。这与今后员工的培养、绩效的制定、公司的奖惩制度设置等息息相关。

第 3 章
具备这些电商管理能力，实现从新手到高手的突破

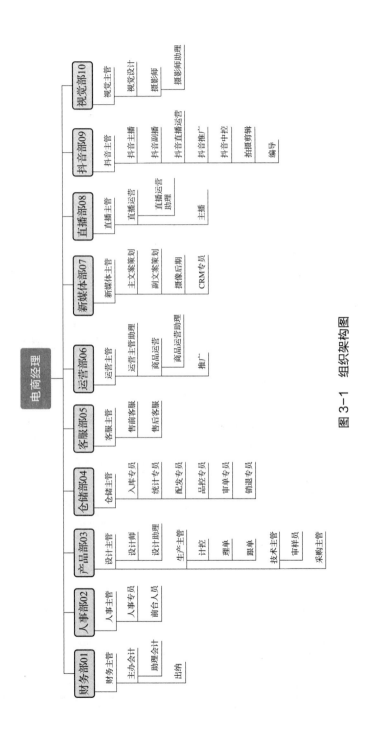

图 3-1 组织架构图

121

（1）财务部岗位职责（见表3-2）

表3-2 财务部岗位职责

岗位	人数	职责
财务主管	1	1. 负责财务部日常管理，组织督促本部门人员及时完成本部门职责范围内的各项工作内容
		2. 制定、维护、优化、监督、执行公司财务管理制度及有关规定
		3. 负责组织编制公司财务预算，进行预测、控制、核算、分析，降低消耗、节约费用
		4. 监控可能会对公司造成经济损失的重大经济活动并及时汇报
		5. 充分运用财务数据，客观、真实地对财务收支情况进行分析，为领导决策提供参考
		6. 及时掌握税收政策、组织做好公司的税务申报和纳税工作，根据政策变化及时对公司财务工作加以调整
主办会计	1	1. 遵守并执行公司的财务管理制度
		2. 审核公司所有的原始凭证，根据各类原始凭证填制记账凭证
		3. 每月末与出纳核对现金银行日记账户
		4. 及时准确地编制财务报表及各类税务报表，完成纳税申报工作
		5. 购买、认证、注销各类发票
		6. 完成上级交代的各项工作
助理会计	1	1. 核对成本价格，编制成本价格明细表
		2. 根据仓库提供的入库单，编制对账单并与各供应商核对
		3. 根据入库单核对货品入库情况
		4. 根据入库单核对货品延期情况
		5. 核算平台各项服务费用
		6. 根据人事提供的考勤核算工资
出纳	1	1. 处理日常应收应付的有关银行业务
		2. 按公司的财务制度处理报销事项
		3. 负责现金、银行收付、登记现金、银行日记账
		4. 负责员工工资发放
		5. 核对快递费
		6. 管理合同

(2)人事部岗位职责(见表3-3)

表3-3 人事部岗位职责

岗位	人数	职责
人事主管	1	1. 负责制订与完善公司人力资源管理体系,参与人力资源发展规划
		2. 组织制订招聘计划、执行招聘程序、参与关键岗位的人员选拔、做好各部门协调工作
		3. 参与完善公司岗位设置、人员编制和岗位说明书,管控现有岗位设置调整
		4. 负责组织新员工培训、实施公司年度培训计划
		5. 负责或参与建立完善的绩效管理体系,组织制定绩效指标,负责绩效实施、结果统计及应用建议
		6. 规范员工劳动合同的签订与管理,定期组织员工访谈,建立良好的沟通渠道,包括离职面谈及劳动争议协调
		7. 负责人员入职、调动、晋升、离职、社保及《人事档案》的统筹管理工作
		8. 负责人员考勤、薪酬福利、活动的跟进执行、审核及汇报
		9. 参与企业文化、制度体系建设
		10. 负责制定公司员工行为规范、监督纪律执行情况并进行不定期抽查
人事专员	1	1. 负责人员招聘执行,办理员工入职离职、调动等手续并及时存档
		2. 负责人事档案的建立,劳动合同签订及公司其他合同、协议的管理和建档
		3. 负责员工月度考勤汇总,整理每月考勤报表
		4. 负责人员社保增减办理及日常维护等相关事务
		5. 负责日常人事表单、花名册的日常维护更新及各类人事通知、通报
		6. 配合组织内部团队活动、节假日福利等工作
		7. 负责日常员工关怀访谈的部分工作
		8. 处理物业、水电、房租、网费等合同文件

（续）

岗位	人数	职责
前台人员	1	1. 负责公司会议室、公共区域卫生、Logo 灯、饮用水的管理与排查工作
		2. 负责面试/来访客户的登记、接待及对接工作
		3. 负责公司日常行政事务的外联、各类物资的采购及补给等工作
		4. 负责固定资产以及办公用品的盘点及领用等管理工作
		5. 负责传真、快件的收发
		6. 保持前台干净整洁，展示公司良好形象
		7. 协助上级进行内务、安全管理，为其他部门提供及时有效的行政服务

（3）产品部——设计岗位职责（见表3-4）

表3-4 产品部——设计岗位职责

岗位	人数	职责
设计主管	1	1. 负责部门日常开发工作的管理
		2. 输出设计开发企划，负责产品开发的审核和督促
		3. 负责供应链的衔接
		4. 负责组织定期进度会议及发起跨部门对接
		5. 全程向电商经理汇报工作进展及进行 KPI 考核
		6. 负责人员日常管理及招聘
		7. 对接运营部门相关数据及外部协作部门
		8. 采集市场流行趋势、竞店数据
		9. 输出产品开发规划并组织每期复盘，参与供应商会议，撰写年度总结报告，负责内部人员优化管理
		10. 负责制定全年企划、季度企划、月度企划、工作计划及组织总结复盘
		11. 负责趋势、竞品、爆款的整理、分析和汇报
		12. 对每年的爆款进行样衣整理和汇总
		13. 安排审样会议

（续）

岗位	人数	职责
设计师	2	1. 负责全品类的开发工作
		2. 当季款原创类手稿及款式开发进度跟进
		3. 向主管汇报开发动向
设计助理	2	1. 每日跟进设计师资料汇总，制作管控表及对接行政事务
		2. 负责样品管理
		3. 协助设计师日常工作

（4）产品部——生产岗位职责（见表3-5）

表3-5 产品部——生产岗位职责

岗位	人数	职责
生产主管	1	1. 负责年度、月度、上新期的规划和总结
		2. 完成公司战略目标
		3. 完成产品交期、质量、规范管理指标
		4. 保证部门内的产品质量和部门工作结果的品质
		5. 负责SKU管理、延期处理、下单管理
		6. 负责跨部门的问题沟通和解决
		7. 主持复盘会
		8. 负责报表上报
		9. 负责供应商总结
		10. 审核页面上的SKU和保养说明
		11. 考核部门KPI
		12. 负责部门日常管理
		13. 组织部门之间和部门内例会
		14. 负责办公室文化建设
		15. 负责中途报表反馈
		16. 负责工作日志管理

（续）

岗位	人数	职责
生产主管	1	17. 撰写部门内月总结
		18. 负责部门区域5S管理
		19. 负责供应商产品大货管理
		20. 处理仓库、客服投诉
		21. 负责与技术部对接
计控	1	1. 负责产品生产进度管控表管理
		2. 负责产品延期总结
		3. 负责产品完成交期、质量、数量等规范和处罚
		4. 负责产品交期、数量、规范的报警
		5. 负责产品下单对接
		6. 审核跟单，提供产品下单后15天的生产计划
		7. 负责跨部门的质量问题沟通和欠数解决（对接仓储部、客服部）
		8. 上新前2天审核页面SKU
		9. 负责报表上报
		10. 负责供应商总结
		11. 负责广告样管理，买家秀（未入仓部分）管理
		12. 负责中途报表反馈
		13. 负责退货对接（运营部，仓储部）
		14. 完成月工作总结和建议
		15. 管控产品供应商进度、数量
		16. 处理仓库、客服欠数
理单	1	1. 负责首单下单管理
		2. 负责商品资料维护
		3. 负责订单资料的审核和发放
		4. 负责检测管理（包括洗标，合格证规范）打印
		5. 制作客服资料

（续）

岗位	人数	职责
理单	1	6. 制作辅料明细表
		7. 协助下单管理
		8. 收集产品下单15天跟单的质量要求和生产计划
		9. 收集产品销售页面上反馈的质量问题并进行统计
		10. 对接新供应商
		11. 负责跨部门的问题沟通和解决
		12. 负责上新前2天页面审核、检查、反馈
		13. 负责供应商数量总结
		14. 负责就防伪吊牌扣使用说明和相关部门对接
		15. 负责价格异动表统计
		16. 负责中途报表反馈
		17. 完成月工作总结和建议
		18 协助计控部门总结内外数据
跟单	1	1. 完成下发生产跟单任务
		2. 跟进首单现货率和返单现货率
		3. 负责延期报警和处理
		4. 负责质量报警和处理
		5. 负责数量报警和处理
		6. 上新前15天提交质量要求和生产计划
		7. 出货中查质量和产量
		8. 出货前尾查质量和产量，重点款以上重点查（必查）
		9. 保证产品质量和岗位工作结果的品质
		10. 负责跨部门的问题沟通和解决
		11. 负责报表上报
		12. 负责供应商质量、数量、交期总结
		13. 处理仓库、客服投诉问题

（续）

岗位	人数	职责
跟单	1	14.撰写中途报表反馈
		15.撰写月工作总结和建议
		16.协助计控做部门内外数据总结
		17.负责供应商大货跟进

（5）产品部——技术岗位职责（见表3-6）

表3-6 产品部——技术岗位职责

岗位	人数	职责
技术主管	1	1.负责公司技术工艺类培训
		2.负责工艺款式培训
		3.负责开发样工艺编辑和复核
		4.负责照片样和大货样质量复核
		5.负责大货下单资料对接
		6.负责技术部门投诉处理
		7.负责仓库质量标准的对接
		8.负责与其他部门的衔接
		9.负责下单产品报价单审核
审样员	1	1.编辑和提交上新款式工艺说明
		2.针对供应商大货样意见进行沟通和反馈
		3.跟进到样进度
		4.负责工艺细节培训
		5.负责审样资料存档
		6.负责大货样、标准样
		7.负责首单大货样、返单大货样入库

（6）产品部——采购岗位职责（见表3-7）

表3-7 产品部——采购岗位职责

岗位	人数	职责
采购主管	1	1. 负责产品原材料的寻找、资料收集及开发工作
		2. 负责原材料供应商品质体系的评估认证，保证产品质量，通过价格筛选、品质筛选来保证供应的优良性
		3. 负责供应商报价单的审核与议价工作
		4. 负责产品所需原材料的资源整理和总结
		5. 跟踪掌握原材料市场价格、行情变化及品质情况
		6. 提升产品品质及降低采购成本
		7. 负责与供应商以及公司其他部门的沟通协调

（7）仓储部岗位职责（见表3-8）

表3-8 仓储部岗位职责

岗位	人数	职责
仓储主管	1	1. 全面负责货品的仓储和收发工作
		2. 掌握仓库各货品库存情况
		3. 负责安排仓库人员完成货品进出仓、验货、记账等出入库工作
		4. 及时与厂家沟通，跟踪到货情况
		5. 定期对仓库货品进行盘点清查
		6. 对残次品、和库存时间较长的货品，向公司提出处理意见
		7. 配合直播部门做好直播准备工作及后续发货等工作
		8. 根据货物的进出量及时调整货品摆放位置
		9. 负责对仓库进行分区管理
		10. 监督好所有物品的保管工作
		11. 做好工作总结
		12. 积极负责地处理仓库日常工作
		13. 做好仓库安全工作

（续）

岗位	人数	职责
仓储主管	1	14. 负责仓库各类退货的管理并及时跟踪结果
		15. 负责考勤核对及内部激励单管理
		16. 督促库管人员做到账物相符
		17. 负责供应商到货数量核对及激励单开具
		18. 组织各组长盘查库存及固定资产
		19. 督促快递发货
入库专员	1	1. 清点供应商到货数量，核对货品
		2. 按采购单号准确入库
		3. 按照缺货时间、急需程度安排整检顺序
		4. 对退货次品及大货次品进行包装完善，并准确入次品仓安排返修
		5. 收拾退货，整检上架
		6. 负责大货整检上架
		7. 检查上架模式、入库数量、进仓次品数、进仓上架数量
		8. 按规划整齐堆放货品
		9. 记录质检组错误
		10. 反馈供应商到货问题
		11. 反馈到货情况及上架情况
统计专员	1	1. 每日核对入库数量及正品上架数量和次品数量
		2. 监督采购入库数量
		3. 统计库存数量
		4. 统计库存数据及销售情况变化
		5. 关注货品近期退货率并及时预警
		6. 对接财务部盘点库存及固定资产
		7. 合理规划货位
		8. 统计所有人工作量
		9. 对所有数据进行归类总结并归档

（续）

岗位	人数	职责
统计专员	1	10. 配合主管核算工资
		11. 数据核实和负责品质问题核实
		12. 盘点库存
配发专员	6	1. 盘点库存并核对每一件货品的合格证、条码等信息一致
		2. 按款式整齐摆放货品
		3. 定期检查、维修自己所用的工具
		4. 熟悉货位排序规律，提高配货效率
		5. 仔细核对、校验每件出库货品
		6. 反馈所有与质检有出入的记录
		7. 配合财务部完成每月库存盘点
		8. 禁止上班戴耳机，下班后拉好货区所有窗帘、关闭所有灯
		9. 保证工作区域干净整洁
		10. 检查工作牌的佩戴
		11. 下班时必须保证所有工具停止工作
		12. 监督货位数量，发现存在不符时及时反馈
品控专员	1	1. 严格把控产品质量
		2. 负责大货质检
		3. 负责退货质检
		4. 对于大货，核对厂家是否有贴合格证贴纸
		5. 抽检合格证贴纸
		6. 用合适的包装袋包装货品
		7. 分开包装大货次品与退货次品
		8. 按照组长安排顺序整检
		9. 记录工作量

（续）

岗位	人数	职责
审单专员	1	1. 及时处理有备注或有留言的订单
		2. 根据库存拆分订单发货
		3. 负责订单审核、拆分批次
		4. 整理、统计辅料并备注
		5. 确保系统库存无误
		6. 核对系统订单，完成批次中未点发货的订单
		7. 配合新媒体、直播部门审发礼品及相关订单
		8. 配合财务核对快递账单及丢件数据等
		9. 及时通知相应快递员收件取件
		10. 整齐摆放所有物料
		11. 妥善保管和维护所有的辅料物料
		12. 负责紧急货品到货沟通询问
销退专员	4	1. 清点退货数量，保证快递给的数量和清点出来的数量一致，并对退货进行分配
		2. 扫描快递员全部面单并录入系统，然后让快递员当面盖章签收
		3. 登记换货、退件、无头件，并全部交给换货入库人员
		4. 核对退回的产品，确定货品信息一致
		5. 打印条码贴纸放在每个袋子里，交给质检组
		6. 分类退货产品
		7. 将快递送错件的登记在表格中并当天拍照发给售后客服
		8. 每日下班前完成交接，把手头工作交接清楚，工具摆放整齐，卫生打扫干净，保证电脑设备关闭
		9. 对无头件进行查询验证
		10. 对于派送错误的件进行查账和归还

(8)客服部岗位职责(见表 3-9)

表 3-9 客服部岗位职责

岗位	人数	职责
客服主管	1	1. 负责对接运营部,根据卖点整理话术
		2. 负责安排所有客服的排班和调度
		3. 负责提升售前客服沟通技能
		4. 负责协助解决售前、售中、售后客服的问题
		5. 负责整理售后问题并和相关部门协调
		6. 负责话务、打款、外包的综合管理
售前客服	8	1. 负责转化咨询客户
		2. 负责完成当月询单转化目标
		3. 负责处理简单的客户售后问题
		4. 负责成交客户的追销工作
售后客服	6	1. 负责解决售后问题
		2. 负责接听客户来电和巡查处理微博评论
		3. 负责处理后台各类退款
		4. 负责处理售后纠纷订单
		5. 负责对接快递,跟踪处理问题件
		6. 负责处理中差评及引导客户五星好评

(9)运营部岗位职责(见表 3-10)

表 3-10 运营部岗位职责

岗位	人数	职责
运营主管	1	1. 对店铺总业绩负责
		2. 制定店铺运营目标和计划
		3. 协调店铺各商品运营调配资源
		4. 协助各商品运营制定目标和计划
		5. 负责店铺产品布局和制定定价策略

(续)

岗位	人数	职责
运营主管	1	6. 负责店铺营销策略制定和大促节点确定
		7. 负责团队各个岗位工作对接
运营主管助理	1	1. 负责全店活动策划与报名
		2. 负责协助运营主管，一切工作听主管安排
商品运营	2	1. 对所负责的商品链接业绩负责
		2. 配合全店营销节奏，负责产品营销策划
		3. 负责产品卖点挖掘和人群定位
		4. 负责制定产品推广计划和运营节点
		5. 负责产品的客户反馈和数据统计
商品运营助理	2	1. 负责店铺商品活动报名
		2. 负责协助商品运营，一切工作听商品运营安排
推广	1	1. 负责"直通车""引力魔方""淘客"和直播等渠道的营销推广
		2. 执行商品运营的推广计划
		3. 统计和反馈推广数据结果
		4. 负责协助商品运营进行后台操作
		5. 负责协助商品运营统计数据
		6. 负责协助商品运营参与各种活动
		7. 负责协助商品运营维护评价
		8. 负责协助商品运营执行推广工作

（10）新媒体部岗位职责（见表3-11）

表3-11 新媒体部岗位职责

岗位	人数	职责
新媒体主管	1	1. 组织月度规划会议、方案的牵引
		2. 完成月度新媒体企划
		3. 完成大活动的内容策划

（续）

岗位	人数	职责
新媒体主管	1	4. 组织每周的头脑风暴创意会议
		5. 负责视频创意和图文创意
		6. 负责各平台视觉呈现、内容审稿
		7. 负责日常媒体相关问题的处理
		8. 负责数据化的月底复盘会议
		9. 负责 SOP 的优化
		10. 负责新媒体部的人员考核
主文案策划	1	1. 负责公众号内容创作
		2. 负责微博内容创作
		3. 负责活动策划与发布
		4. 负责数据收集
		5. 参与月度新媒体企划
		6. 负责脚本创作
		7. 负责详情页文案撰写
副文案策划	1	1. 负责"逛逛"内容创作
		2. 负责小红书内容创作
		3. 负责活动策划与发布
		4. 负责数据收集
		5. 参与月度新媒体企划
		6. 负责脚本创作
		7. 撰写详情页文案
摄像后期	1	1. 主导视频创意与后期
		2. 创作与发布"微淘"内容
		3. 进行数据收集
		4. 参与月度新媒体企划
		5. 负责详情页文案脚本创作

（续）

岗位	人数	职责
CRM专员	1	1. 创作与发布微信朋友圈内容 2. 创作与发布视频号内容 3. 负责社群运营 4. 负责活动策划 5. 负责数据收集 6. 参与月度新媒体企划 7. 负责详情页文案

（11）直播部岗位职责（见表3-12）

表3-12 直播部岗位职责

岗位	人数	职责
直播主管	1	1. 对直播业绩负责 2. 协调和统筹直播人员 3. 负责直播人员的排班表 4. 负责直播团队的考核 5. 对直播活动内容策划总负责 6. 组织直播部门周会与数据复盘会
直播运营	2	1. 策划直播活动内容 2. 负责直播后台中控 3. 负责日常跟播中控及活动解读 4. 负责直播相关侧边栏视觉对接 5. 负责日播活动策划 6. 负责直播手卡与产品排序表 7. 负责行业直播玩法收集与反馈 8. 总结直播奖品名单、寄礼品、更新单号 9. 核对签收或退回直播产品

（续）

岗位	人数	职责
直播运营助理	2	1. 负责日常跟播中控及活动解读 2. 负责直播样品核对签收 3. 负责直播样品核对退回 4. 协助日播活动策划 5. 负责产品规整 6. 负责行业直播玩法收集和反馈
主播	2	1. 负责日常跟播中控及活动解读 2. 负责直播产品的讲解 3. 协助策划直播间活动 4. 核对签收或退回直播样品 5. 负责产品规整 6. 负责行业直播玩法收集和反馈

（12）抖音部岗位职责（见表3-13）

表3-13　抖音部岗位职责

岗位	人数	职责
抖音主管	1	1. 制定年度、季度、月度运营目标，负责全程执行计划并完成相应的目标 2. 负责建立、优化部门内部工作流程，与公司内部各个部门进行无缝衔接和协调 3. 掌握市场动向，对接各项资源，根据产品数据调整运营策略，推动产品优化、改善以更好地满足客户需求，改善服务购物体验 4. 在总体销售目标的基础上，根据分工向其他对接部门提出指引性的建议、引导多部门协同完成销售目标 5. 帮助部门内部人员提升业务能力、学习专业知识，挖掘和培养有潜力的员工

（续）

岗位	人数	职责
抖音主管	1	6.制定人员招聘需求，负责面试部门内部员工，为公司招聘人才
		7.负责直播活动策划和数据分析
		8.负责推广投放计划的记录与分析
抖音主播	2	1.介绍活动、介绍产品、统筹全场、与粉丝互动
		2.学习脚本、开播前熟悉所有的产品及产品组合（包括促销活动贴片）
		3.解说单品，完整阅读贴片文字内容，保证口齿清晰、有感染力
		4.解说组合，完整阅读贴片文字内容，保证口齿清晰、有感染力
		5.引导团购，根据成团时机进行两人成团、五人成团，把握成团节奏
		6.与字幕互动（对于正面字幕，复述两遍致谢，读全ID号；对于负面字幕，略过不理、重复出现时通知场控拉黑）
		7.口播欢迎语并引导关注（新用户欢迎每分钟不少于1次，关注引导话术每分钟不少于1次）
		8.引导抽送、制定抽送规则，设计多人中奖、高价值单人中奖，把控抽送节奏，进行整点抽送、高在线抽送
		9.完成交接班，包括样品交接、账号交接，交接时要签字、拍照、备注时间，并记录遗留问题、销售情况、拉新情况
抖音副播	2	1.介绍促销活动、提醒活动、卖点提醒、引导关注
		2.带动气氛，把控节奏，实时了解销售额、订单数并提醒主播
		3.实时配合主播在直播间的一切互动
抖音直播运营	1	1.负责专场策划（包括电商节奏点、全年营销节奏表、直播排品、增粉-拉新专场、促活-回馈专场等）
		2.负责店铺管理（包括商品上下架、SKU制作、库存价格管理、发货售后处理等）
		3.编撰直播脚本（包括商品介绍短语、节奏气氛短语、拉新动作短语、推销动作短语、促销解释短语）
		4.探索新模式（包括竞店模式分析、跨平台模式借鉴、货品分析）

（续）

岗位	人数	职责
抖音直播运营	1	5. 管理流量（包括流量预估和投放）
		6. 负责节奏跟踪（包括月度销售计划、周报销售计划、关键指标目标设定）
抖音推广	1	1. 开播前确认广告组计划
		2. 分析数据打包人群
		3. 选取推流地域覆盖
		4. 测试流量时间
		5. 记录推广数据，形成日报、周报、月报，并对数据进行分析
抖音中控	2	1. 负责开播操作（包括添加商品、检查讲解促销贴片、设置标题封面、检查机位、确认输出画面正常且水平对齐）
		2. 负责设备操作与检查（保证灯光、摄像头、场控电脑、贴片文件完整无损，检查样品完整性）
		3. 选取产品，按照运营开播脚本核对上架
		4. 检查购物车、将商品添加到直播间后确定编号，检查编码顺序、价格及库存
		5. 负责订单备注（旁听主播引导，后台查到订单后备注主播口述的其他要求；主播口述不到的，按照旁听到的信息为准）
		6. 核对库存，设置活动优惠券（开播前按照运营计划设定当日促销优惠券，核对数量、门槛条件、使用条件、生效无误）
		7. 负责现场产品改价秒杀、SKU改价，根据运营设定的改价原则，配合主播进行实时价格修改
		8. 设置小店后台、在PC端配合直播产品讲解
		9. 替播（在主播上厕所、吃饭、休息时进行替换）
		10. 统计数据（包括销售统计、运营关键指标统计、直播异常问题登记）
		11. 完成交接班，包括样品交接、账号交接，交接时要签字、拍照、备注时间，并记录遗留问题、销售情况、拉新情况

（续）

岗位	人数	职责
拍摄剪辑	1	1. 根据短视频脚本完成拍摄 2. 通过拍摄展示产品突出特点 3. 负责短视频剪辑
编导	1	1. 实时跟进热点、话题、音乐、呈现风格 2. 撰写短视频脚本 3. 协助新媒体

（13）视觉部岗位职责（表3-14）

表3-14 视觉部岗位职责

岗位	人数	职责
视觉主管	1	1. 负责主题色设计和首页活动页面 2. 负责首页轮播海报设计与整体视觉把控 3. 负责单品利益点设计 4. 负责视觉部门工作安排 5. 负责视觉部门设计审核 6. 负责视觉部门日常物料更新 7. 负责安排视觉设计工作进度 8. 负责协助视觉设计完成工作 9. 负责摄影工作的安排和协调 10. 负责与摄影师沟通图片和视频素材需求并完成拍摄需求
视觉设计	3	1. 负责首页轮播海报和首页活动页面设计 2. 负责直播海报设计 3. 负责主图设计 4. 负责详情页制作 5. 负责每期新品文案对接 6. 负责"微淘"轮播海报设计

（续）

岗位	人数	职责
视觉设计	3	7. 负责推广图的制作与对接
		8. 负责为新品大视频添加链接或视频合集
		9. 负责参数对接与上传
		10. 负责图片空间文件夹建立
		11. 负责主图修改及主图视频上传
		12. 负责直播侧边栏的设计
		13. 负责直播预告海报制作
		14. 跟进店铺信息设置
		15. 上新后针对无线端产品的分类设置
		16. 与新媒体部进行工作协调
		17. 对接、分类产品图
		18. 对中奖名单、剧透链接、会员中心、店长推荐、新品预览、新品模块排款、PC端海报进行排版和优化
		19. 跟进产品，拍摄产品图，包括白底图、细节图、创意图、负责白底细节套版、工艺单对接、和新媒体对接、细节亮点文案，陪同摄影部外出拍摄，负责修模特图，跟进图片进度
		20. 与摄影师沟通，协调工作，以完成拍摄图片的需求
摄影师	1	1. 拍摄前期准备例图
		2. 每日分享对应参考图
		3. 规划中必须有多种镜头，拍摄结束后进行例图考核
		4. 外出拍摄要准时、不迟到
		5. 完成每日拍摄量
		6. 每日修图，根据节点完成所有图片的修图工作
		7. 根据外拍时间，完成与每期上新模特的沟通任务
		8. 确认每日的重点及非重点拍摄，制定拍摄规划
		9. 在主图拍摄中避免重拍或主图不达标的情况

（续）

岗位	人数	职责
摄影师	1	10. 对视频质量进行考核
		11. 确定视频主题及脚本，提前确定好拍摄流程、场景、道具安排
摄影师助理	1	1. 拍摄前期准备例图
		2. 如需模特配合的，每日分享对应参考图
		3. 规划中必须有多种镜头、拍摄结束后进行例图考核
		4. 分享图片以及提醒群里分享工作笔记和图片
		5. 与产品部对接好每次要外拍的产品
		6. 协助搭配产品拍摄
		7. 每次外拍前整理配件，清点数量，并做好拍照记录，每天拍摄完成之后再次进行配件清点
		8. 每次外拍前找好适合的摄影地，并整理成文档，把大家最终确定的场地归纳在一起
		9. 外拍前一天整理好第二天要拍摄的产品，在外拍之前将每天要拍摄的产品编辑好文档发给新媒体
		10. 购买拍摄道具，将每次新买的道具发在群里，然后登记在表格里
		11. 外拍期间准时、不迟到
		12. 每日至少完成规定数量的拍摄
		13. 每日修图，根据节点完成所有图片的修图工作
		14. 根据外拍时间，完成每期上新模特的搭配任务
		15. 确认每日拍摄，分重点及非重点拍摄，制定拍摄规划
		16. 需要在拍摄期确认负责的主图，避免重拍或主图不达标的情况
		17. 清点配饰，每次拍摄完都要及时收回配饰
		18. 拍摄短视频素材
		19. 每天根据外拍人数定外拍团餐
		20. 分类每天拍好的新品图片
		21. 分类拍摄各款主图视频，不得漏拍

（续）

岗位	人数	职责
摄影师助理	1	22. 对视频质量进行考核，不得有"拔草"角度，确认模特衣着及形象良好
		23. 不得漏拍产品，每天检查拍摄款数
		24. 摄影部内部选主图，并对图片进行复盘，图片应满足多角度、光线好、产品明显、模特状态自然、整体能达到"种草"效果
		25. 协助新媒体主管工作，必须按节点完成分配任务
		26. 整理摄影部外拍期间的报销单，统计外拍期间的经费、拍摄时间以及人数，经电商经理审核同意之后再交给人事部门登记

3. 各部门对接流程

（1）财务部对接流程

1）财务主管向电商经理汇报，纵向对接自己部门同事、横向对接其他部门同事。

2）主办会计向财务主管汇报，横向对接自己部门同事与其他部门同事。

3）助理会计向主办会计汇报，横向对接自己部门同事与其他部门同事。

4）出纳向财务主管汇报，向主办会计汇报，横向对接自己部门同事与其他部门同事。

5）部门内任意岗位经部门主管同意可发起部门会议与跨部门沟通会议。

（2）人事部对接流程

1）人事主管向电商经理汇报，纵向对接自己部门同事、横向对接其他部门同事。

2）人事专员向人事主管汇报，横向对接自己部门同事与其他部门同事。

3）前台人员向人事主管汇报，横向对接自己部门同事与其他部门同事。

4）任意岗位经部门主管同意可发起部门会议与跨部门沟通会议。

（3）产品部对接流程

设计部

1）设计主管向电商经理汇报（如果有产品部经理就直接汇报产品部经理），纵向对接自己部门同事、横向对接其他部门同事、对接供应商。

2）设计师向设计主管汇报，横向对接自己部门同事与其他部门同事、对接供应商。

3）设计助理向设计主管汇报，横向对接自己部门同事与其他部门同事、对接供应商。

4）任意岗位经部门主管同意可发起部门会议与跨部门沟通会议。

生产部

1）生产主管向电商经理汇报（如果有产品部经理就直接汇报产品部经理），纵向对接自己部门同事、横向对接其他部门同事、对接供应商。

2）计控向生产主管汇报，横向对接自己部门同事与其他部门同事。

3）理单向生产主管汇报，横向对接自己部门同事与其他部门同事。

4）跟单向生产主管汇报，横向对接自己部门同事与其他部门同事。

5）任意岗位经部门主管同意可发起部门会议与跨部门沟通会议。

技术部

1）技术主管向电商经理汇报（如果有产品部经理就直接汇报产品部经理），纵向对接产品部同事、横向对接其他部门同事、对接供应商。

2）审样员向技术主管汇报，横向对接自己部门同事与其他部门同事。

3）任意岗位经部门主管同意可发起部门会议与跨部门沟通会议。

采购部

1）采购主管向电商经理汇报（如果有产品部经理就直接向产品部经理汇报），纵向对接自己部门同事、横向对接其他部门同事、对接供应商。

2）任意岗位经部门主管同意可发起部门会议与跨部门沟通会议。

（4）仓储部对接流程

1）仓储主管向电商经理汇报，纵向对接自己部门同事、横向对接其他部门同事。

2）入库专员向仓储主管汇报，横向对接自己部门同事与其他部门同事。

3）统计专员向仓储主管汇报，横向对接自己部门同事与其他部门同事。

4）配发专员向仓储主管汇报，横向对接自己部门同事与其他部门同事。

5）品控专员向仓储主管汇报，横向对接自己部门同事与其他部门同事。

6）审单专员向仓储主管汇报，横向对接自己部门同事与其他部门同事。

7）销退专员向仓储主管汇报，横向对接自己部门同事与其他部门同事。

8）任意岗位经部门主管同意可发起部门会议与跨部门沟通会议。

（5）客服部对接流程

1）客服主管向电商经理汇报，纵向对接客服部同事，横向对接其他部门同事与外包公司。

2）售前客服向客服主管汇报，横向对接自己部门同事与其他部门同事。

3）售后客服向客服主管汇报，横向对接自己部门同事与其他部门同事。

4）任意岗位经部门主管同意可发起部门会议与跨部门沟通会议。

（6）运营部对接流程

1）运营主管向电商经理汇报，纵向对接自己部门同事、横向对接其他部门同事、对接电商平台客服和MCN机构商务人员。

2）运营主管助理向运营主管汇报，横向对接自己部门同事与其他部门同事。

3）商品运营向运营主管汇报，横向对接自己部门同事与其他部门同事。

4）商品运营助理向商品运营汇报，横向对接自己部门同事与其他部门同事。

5）推广向运营主管汇报，横向对接自己部门同事与其他部门同事。

6）任意岗位经部门主管同意可发起部门会议与跨部门沟通会议。

（7）新媒体部对接流程

1）新媒体主管向电商经理汇报，纵向对接自己部门同事，横向对接其他部门同事、对接电商平台客服和MCN机构商务人员。

2）主文案策划向新媒体主管汇报，横向对接自己部门同事与其他部门同事。

3）副文案策划向新媒体主管汇报，横向对接自己部门同事与其他部门同事。

4）摄像后期向新媒体主管汇报，横向对接自己部门同事与其他部门同事。

5）CRM专员向新媒体主管汇报，横向对接自己部门同事与其他部门同事。

6）任意岗位经部门主管同意可发起部门会议与跨部门沟通会议。

（8）直播部对接流程

1）直播主管向电商经理汇报，纵向对接自己部门同事，横向对接其他部门同事。

2）直播运营向直播主管汇报，横向对接自己部门同事与其他部门同事。

3）主播向直播主管汇报，横向对接自己部门同事与其他部门同事。

4）直播运营助理向直播运营汇报，横向对接自己部门同事与其他部门同事。

5）任意岗位经部门主管同意可发起部门会议与跨部门沟通会议。

（9）抖音部对接流程

1）抖音主管向电商经理汇报，纵向对接自己部门同事，横向对接其他部门同事。

2）抖音主播、抖音副播向抖音主管汇报，横向对接自己部门同事与其他部门同事。

3）抖音直播运营向抖音主管汇报，横向对接自己部门同事与其他部门同事。

4）抖音推广向抖音主管汇报，横向对接自己部门同事与其他部门同事。

5）抖音中控向抖音主管汇报，横向对接自己部门同事与其他部门同事。

6）拍摄剪辑向抖音主管汇报，横向对接自己部门同事与其他部门同事。

7）编导向抖音主管汇报，横向对接自己部门同事与其他部门同事。

8）任意岗位经部门主管同意可发起部门会议与跨部门沟通会议。

（10）视觉部对接流程

1）视觉主管向电商经理汇报，纵向对接自己部门同事、横向对接其他部门同事。

2）视觉设计向视觉主管汇报，横向对接自己部门同事与其他部门同事。

3）摄影师向视觉主管汇报，横向对接自己部门同事与其他部门同事、对接拍摄相关模特。

4）摄影师助理向摄影师汇报，横向对接自己部门同事与其他部门同事、对接拍摄相关模特。

5）任意岗位经部门主管同意可发起部门会议与跨部门沟通会议。

绩效设计——电商公司自动化绩效方案

只有环环相扣的组织架构，还不足以打造出高效自动化运转的电商团队。只有绩效设置可以让组织自动化运转的时候，才会出现高效团队。

1.为什么要制定让团队自动化运转的绩效方案？

电商行业对效率的要求非常高，同时行业里大部分从业者都是年轻人，面对这样一群有自己价值观的80后、90后，甚至00后群体，就需要通过组织架构设计保证纵向和横向的沟通都畅通无阻，让团队既能快速反应又能有效管理；此外，因为电商行业难以通过量化标准进行考核，且大部分电商从业者都是在电脑前工作，所以针对电商核心部门的绩效方案必须能促使团队自动化运转，但针对人事部、财务部、产品部的绩效方案和传统企业的并无太大的区别。

2.如何设计电商公司核心岗位以达到自动化运转？

除了财务部和人事部是职能部门，不直接为公司创造业绩，其他部门都直接或间接影响公司业绩。运营部对总业绩负责，产品部、仓储部、客服部、新媒体部、直播部、抖音部、视觉部这些部门都会影响总业绩，因此需要电商经理来协调。各个部门之间一定会存在跨部门协作，而所有部门之间的协调，都是为了能顺利完成总目标。

比如运营部根据销售目标确定要上架100个新款产品，但设计部说无法完成，此时就需要运营主管去协调，同时运营主管需要向设计部提出商品需求。分析市场是运营主管很重要的一项工作，分析后的结果直接决定后续产品的的开发，设计部必须配合运营部提出的需求开发相应的商品。

那么，怎样设计电商公司各部门、各岗位才是比较科学的呢？

电商经理掌管整个团队但不亲自出战；运营主管负责带兵打仗，坐在军帐里听汇报,要考虑的是产品统筹和规划;商品运营就是各个先锋队,负责单品的一系列操作。

产品做什么款式、怎么推广、完成多少销售额目标、上新多少个产品、需要多少预算,这些都是需要运营主管考虑的。运营主管的职责是完成全店销售额目标,对店铺总业绩负责。运营主管的具体工作是制订店铺总规划,比如确定今年店铺要达到多少营业额、上架多少个产品链接、需要多少名商品运营来共同打造这些产品。

有时候,公司会需要设置运营主管助理这个岗位。运营主管助理主要协助运营主管开展整个店铺的工作、负责店铺活动报名,以及协助各个商品运营报名单品活动。

商品运营和推广这两个岗位的设计有两种方法。一种方法是平行地设置商品运营和推广两个岗位;另一种方法是不设置推广岗位,商品运营自己负责推广、自己操作,直接对这某个商品链接的结果负责。

这两种设计方法的区别在于,由商品运营直接负责推广,未来能培养出梯队人才,绩效方案也会更加直接。独立设置推广岗位的弱点是,当推广一个人负责几十个链接时,会因为很多细节问题导致无法明确划分清分工与责任,比如如何设计创意、重点推广哪个链接,这时由于分工和责任不明确,利益核算也不直接。

如果商品运营本身就具备推广技能,那如何设计这个岗位使其自动化运转呢?商品运营对单个产品链接负责,运营工作从产品上架后才开始,不需要前期和拍摄对接。公司只要给商品运营定两个考核指标即可,一个是销售额,另一个是营销占比范围。

如果每个商品运营都努力工作且方法正确,电商公司怎么可能业绩不好?所以我的建议是,只要商品运营有能力,我们就支持他。商品运营成长得好，未来可以培养成店铺运营，为开新店储备人才。

很多公司还会设置商品运营助理。一般设置商品运营助理时会从实习生里挑选适合的人。这个人是否能够转正，由商品运营决定。

新媒体部早期主要负责文案创作，短视频出现后，其职责增加了短视频内容创作和更多的平台分发工作。新媒体部以内容创作为核心，并按照不同平台的规则进行内容分发。

电商公司的直播部最开始以淘系直播为主，辅助运营部完成总营业额目标。后来兴起抖音电商，于是很多公司又成立了抖音部，但抖音部一般是独立部门，将公司货品放在抖音平台进行销售。

电商公司的其他部门的职责分别是什么？产品部主要由产品的研发设计部、技术支持部、生产部、采购部这四大部门构成，统称为供应链部门，由供应链总监负责，并向电商经理汇报。

仓储部主要负责产品入库、上货架、分拣打包和发货。我们可以通过设置绩效的方式提升仓储人员的效率，从而节省人力成本。

客服部包括售前客服部和售后客服部。售前客服主要负责完成销售额目标、提升询单转化率；售后客服主要负责处理退款和纠纷。

视觉部主要负责所有产品的拍摄，以及店铺图片和页面呈现的相关工作。

3. 如何设置电商公司的自动化运转绩效方案？

当各个部门和岗位的职责都清晰后，我们就需要设置一个机制，让这些岗位可以自发运转，这就是自动化运转绩效方案。

自动化运转绩效方案的基本逻辑是，每一个岗位成员获得报酬的标准是其对这个岗位做出的贡献，按照贡献设置绩效方案。

那么这个自动化绩效方案怎么设置呢？它主要包括三个方面：

1）基本工资：根据常规考勤和基础工资来核算，这部分核算由人事部进行。

2）提成：提成设置应与工作结果直接有关。

3）奖金：根据与工作结果间接相关的指标设置奖金。

这里需要解释一下提成和奖金的区别。比如，商品运营负责一个商品链接且完成了目标销售额，这就是和商品运营的工作结果直接有关的，将这部分绩效对应的薪酬设置为提成。再如，公司完成了年度销售额总目标，这和商品运营的工作结果没有直接关系，但和公司每个人的努力都相关，因此将这部分绩效对应的薪酬设置为奖金。

奖金比提成灵活。提成是固定的，改提成就是改工资，所以大家对提成的变动更敏感。在调整提成的时候，需要根据公司具体产品的利润以及公司业绩进行设置。

以下是几个核心岗位的自动化绩效运转参考方案，不同的店铺可以根据实际情况进行适当的修改。

（1）运营主管的自动化运转绩效方案

运营主管的绩效工资 = 基础工资 + 全店销售额的提成 ×（原定营销推广费用占比 / 实际营销推广费用占比）+ 奖金（各商品运营奖金的平均值）

运营主管全店销售额的提成比例，按照公司产品利润和年销售额制定；运营主管的奖金方案，可以参考每个商品运营的奖金的平均值，这样可以让运营主管更积极地管理和协调商品运营，因为他们是利益共同体。

运营主管的提成与"原定营销推广费用占比 / 实际营销推广费用占比"相关意味着即便完成了目标销售额，也会出现三种不同的情况，且三种情况的提成核算结果是完全不同的。

假设本月制定的目标销售额是 10 万元，运营主管的提成比例是 5%，原定推广费用占比是 5%：

第一种情况，完成了销售额且实际营销推广占比是 5%，运营主管的提成就是（100000×5%）×（5%/5%）=5000 元；

第二种情况，完成了销售额且实际营销推广占比是 10%，运营主管的提成就是（100000×5%）×（5%/10%）=2500 元；

第三种情况，完成了销售额且实际营销推广占比是 3%，运营主管的提成就是（100000×5%）×（5%/3%）=8333 元。

运营主管获得提成有两个条件，第一是完成销售额目标，第二是推广费用占比情况决定提成的多少。这样就能形成自动化运转，同时也能避免为了达到销售额无限增加推广费用的问题。

（2）商品运营的自动化运转绩效方案

商品运营的绩效工资 = 基础工资 + 所属商品销售额的提成 ×（原定营销推广费用占比/实际营销推广费用占比）+ 奖金（目标奖金）

商品运营负责的商品销售额的提成核算方式和运营主管的一样，只是商品运营只计算自己负责的商品销售额总和的提成。

商品运营的基础工资，根据每个岗位的职能和考勤情况由人事部统一制定。

对于商品运营，可以设置一个目标奖金。如果本月定义月销 10000 件为大爆款、5000 件为中爆款、2000 件为小爆款，那每个商品运营都可以向运营主管申请打造爆款，然后根据大爆款、中爆款和小爆款给商品运营设置对应的奖励。打造成功就按既定目标奖金发放。当然，目标奖金和爆款的定义，需要根据季节、月份进行调整。

这样设置运营绩效，既能激励他们去做推广，又能合理控制推广费用。

因为所有提成都需要完成销售额目标才能获得，同时又要控制好推广费用占比，否则拿不到相应的提成。这就相当于自动化运转的绩效方案了。

（3）产品部设计师的自动化运转绩效方案

设计师的绩效工资＝基础工资（根据实际工资和常规人事考勤绩效而定）+设计部常规提成+奖金

产品部设计师的自动化绩效方案核心是，只要设计师设计的产品成了爆款，设计师就能获得奖金，不管这个爆款的设计方案是运营提出的，还是设计师自己原创的。这个爆款的标准也可以自定义，比如月销10000件为大爆款、5000件为中爆款、2000件为小爆款。只有运营把产品打成了爆款，设计师才有奖金，这样设计师和运营就能更好地沟通与配合，并形成自动化运转。

（4）视觉部的自动化运转绩效方案

视觉部的绩效工资＝基础工资（根据实际工资和常规人事考勤绩效而定）+奖金（团队奖金包）

视觉部的自动化运转绩效方案的核心是团队奖金包。这个奖金包属于每个月的团队奖，公司把奖金包的分配权交给视觉部主管。奖金能否发放取决于运营部是否完成了销售额目标。同样，奖金包也要根据季节和月份调整目标额度。

这样一来，视觉部就会全力配合运营部，因为他们也成了利益共同体。另外，所有视觉设计和摄影师都会按视觉部主管分配的工作执行，因为奖金包如何分配是由视觉主管决定的。

（5）客服部的自动化运转绩效方案

售前客服提升转化率需要付出很大的努力，但拉低转化率却很简单。

一个不留神，或是态度有所松懈、不想好好做，转化率立马就能从50%降到40%，这对于任何店铺而言都是惨重的损失。因此，我们一定要制定一个能让售前客服自驱动的绩效方案。

售前客服的绩效工资 = 基础工资（根据人事部常规考勤和基础工资而定）+ 询单转化的金额（根据淘宝的赤兔名名品客服绩效管理系统显示提取）× 提成比例（固定）+ 奖金

这里的基础工资和提成比例都是固定的，核心在于奖金。

我们可以将售前客服的询单转化率分为三档：低于平均询单转化率为第一档；与平均询单转化率持平为第二档；高于平均询单转化率为第三档。每一档都对应不同的奖金额度。

奖金设置可以分成两个部分：

奖金1——当月询单转化率最高奖。这个奖是用当月所有客服的询单转化率的数据进行比较，谁的询单转化率最高，奖金包就发给谁。这是每个月都会有的奖金。

奖金2——当月询单转化率破纪录奖。这个奖金不一定每个月都会有，因为这是突破设定的询单转化率纪录才会发放的奖金。有人突破了就发，没人突破就不发。

售后客服的绩效工资 = 基础工资 + 目标奖金。售后客服的考核指标主要是退款率、动态评分和评价。售后客服的自动化运转绩效方案的核心是目标奖金。比如最近一段时间店铺的退货率是40%，那么可以设定售后客服把退货率降到30%时就可以拿到一定数额的奖金。这属于阶段性奖金。

对于售后客服，除了阶段性奖金，还要设置一项关于追评率和晒图率的长期考核奖。因为这两个指标对店铺权重影响很大，设置一定的奖金，对追评和晒图的提升很有帮助，售后客服在引导消费者追评和晒图的时候，也会更加积极。

（6）直播部的自动化运转绩效方案

直播部很多岗位的绩效和运营部相同，可以参照运营部的绩效方案制定，需要单独介绍的是主播的绩效方案。

主播的绩效工资＝基础工资（根据实际工资和常规人事考勤绩效而定）+销售额提成 × 考核系数 + 奖金

在这个公式里，销售额提成根据公司情况制定，提成比例是固定的。针对奖金这个部分，如果有多个主播，就可以设置主播 TOP 奖，每月完成的销售额最高的主播可以拿到这部分奖金。

考核系数是不固定的，我们可以根据不同阶段店铺直播间的目标设置相应的考核系数。

假设现阶段，店铺直播间的主要目标是涨粉和点赞，那我们可以以涨粉指标和点赞指标来设定本月考核指标。比如，单场直播涨粉指标是 1000 个，满分为 10 分；单场直播点赞指标是 10000 个，满分为 10 分；两项指标共计 20 分，未达到目标均按相应标准扣分。

假设一场直播，主播完成销售额 10 万元，涨粉 500 个，点赞 5000 个，那么其涨粉率指标的分值就是 10 分 ×（500 个实际涨粉数 /1000 个涨粉目标数）=5 分，点赞指标的分值就是 10 分 ×（5000 个实际点赞数 /10000 个目标点赞数）=5 分，两项指标总共完成 10 分。那么，考核系数就是 10 分（实际两项指标总和）/20 分（两项直播满分总和）× 100%，也就是 50%。

从本质上讲，绩效方案就是为了达成目标而制定的方案，每个公司根据实际需要制定即可，不是非调整现有的绩效方案不可。如果原有的绩效方案合理，那么电商经理只要稍作优化即可；如果原有绩效方案不合理，不能自动化运转，那么就需要改革。而改革绩效的核心一定是基本工资加上提成和奖金的模式，并且只要达成目标，按照全新的绩效方案，每个人的收入都会增加。

团队协作——形成统一标准化流程管理

确定了组织架构和可以自动化运转的绩效方案，是不是就拥有一支高效的自动化运转的电商团队呢？很遗憾，答案依然是否定的。

因为还有一个任何团队都绕不开的关键点——团队协作。所谓团队，一定是 1+1>2 的，这也是建设团队的目标和意义。任何团队里都不可能有完美的人，但不完美的人组合在一起却可以成为一支完美的团队。

完美的团队必须有清晰的环环相扣的组织架构，能保障纵向和横向沟通都畅通无阻，拥有共同的团队目标、标准化项目流程管理、高效的执行力和战斗激情，每位团队成员都能协同作战、向同一目标发力并达成目标结果。

团队协作形成标准化流程管理，主要可以从以下四个方面实现：

1.目标共识

目标共识就是让团队所有成员对制定的目标达成一致共识，把团队的目标看作自己的目标。如果只是简单地下发任务，很难取得目标认同感。

那么，如何才能让团队达成目标共识？我们以"双11"为例，讲解针对这场全年最重要的战役，如何让团队达成目标共识。

（1）启动会形式

任何一次战役前，电商经理都会先组织各部门主管召开一次启动会，再由各部门主管组织各部门召开启动会。我一直认为，电商公司需要教练式管理，任何一级上司必须成为下一级的教练。电商经理是协助团队共同完成目标的，也要在团队需要的时候给予相应支持。启动会一般是鼓舞士气，为接下来的战役做好准备，同时初步落实时间节点流程表。

（2）一对一沟通会

有些在集体会议上不能解决的事项，可以采取一对一的沟通方式。这样坦诚的交流和谈心，一般都能解决各部门的单独问题，而解决问题是为了更好的协同作战。一对一沟通，一般是针对单个部门内部的问题，比如整体作战中，有些部门处理集中业务时人手不足，需要增加临时人员，可以通过一对一沟通协调。再如，个人在工作中遇到的一些难以解决的问题或者困惑，也可以通过一对一沟通协调。

（3）公司宣导形式

像"双11"这样比较大型的战役，公司人事部门都会在公司内部做一些氛围宣传。用气球、彩带装饰，并将目标以最显眼的方式展现出来，同时做好后勤保障工作，包括零食、饮料、餐点准备等。

这样既能增加"打仗"前的紧迫感，也能让员工感受到来自公司的关心与保障。

2. 目标拆解

目标拆解就是将本次战役的目标分解成可落地执行的事项。这是因为目标是一句话，而达成这句话，需要很多具体的步骤。

目标拆解的第一步是电商经理对全部目标事项进行拆解，并分配各个部门具体要执行的事项，同时标注好时间节点。第二步是以会议的形式对各部门具体要执行的事项进行讨论，明确执行方案，并明确时间节点。第三步是各部门主管对自己部门的目标进行拆解，通过会议讨论明确分工，并明确时间节点。

3. 过程跟进

当完成前面两项后，此时电商经理的手中应该有一张整体作战的流程表（第4章会提供该流程表模板），这张表就是电商经理的项目进度管理表。

这个时候，电商经理的工作重点就是过程跟进。我的习惯是，在项目进行到20%~30%的时候进行第一次跟进，可以采用集体会议的形式，也可以发起一对一沟通。这次跟进的目标主要是预估完成的结果和查看团队成员是否需要协助。无论是资金、资源方面，电商经理都要给予团队成员支持。

在项目进行到40%~50%的时候进行第二次跟进，这次跟进同样是为了解决项目执行过程中遇到的困难。在项目进行到70%~80%的时候进行第三次跟进，预估项目完成度，为达成目标做进一步努力。当项目进行到90%~100%的时候，继续跟进直到拿到结果，并通过数据反映整个项目的达成度，做一次集体复盘。

过程跟进的原则是，根据不同的进度进行干预管理，让大家协同作战，扫除障碍，直到拿到结果为止。

4. 结果复盘

一场战役结束后，一定要针对结果进行复盘。主要做好对三点的复盘：第一点是本次战役的亮点；第二点是本次战役中仍有提升空间的点；第三点是针对下次协同作战可落地优化执行的事项。

针对第一点的复盘，就是先找到本次做得优秀的方面。通过这样的方式开场进行复盘，大家也更乐于接受。然后再去挖掘哪些方面还能提升。这时候团队成员也会愿意剖析自己，坦诚面对自己的不足。当每个人都这样表达的时候，团队才能形成开放的氛围。而且经过讨论，大家也一定会更清晰地看到自己做得好的地方和不足的地方。此外，每一次复盘都要记录下来，以便后期跟进优化。这也是复盘的作用和意义。

当我们有了一个横向、纵向沟通都畅通的扁平化组织架构，并通过绩效设计的方式让这个组织中的成员自动化运转，同时不断打磨每一次的协同作战，形成流程化管理，让团队成员有目标共识，并能进行开放式复盘，形成一个这样的闭环之后，一定能打造出一支高效的自动化电商团队。

商业模式
——拥有分析商业模式的能力

如果说品牌定位、团队建设都是电商经理必须具备的能力，那么拥有分析商业模式的能力，就是电商经理的加分项，使电商经理自身的能力和未来发展有一个跨越性的提升。

了解商业模式有多重要

彼得·德鲁克说过："当今企业之间的竞争，不是产品的竞争，而是商业模式的竞争。"商业模式就是企业用来实现自身盈利的整体系统模式，不同的商业模式中人的效能是不一样的。

1.电商商业模式的几大分类

（1）耳熟能详的商业模式分类：B2B、B2C、C2C 三大商业模式

B 指的是 business（商业、商家），C 指的是 customer（顾客、客户），2 也就是 to（对、到）。B2B 的代表是阿里巴巴；B2C 的代表是亚马逊、天猫和京东；C2C 的代表是淘宝。

（2）新兴的商业模式分类：C2B、S2B2C

曾鸣教授的《智能商业》一书中提到：C2B 模式是对传统工业时代的一次根本性颠覆，是真正客户驱动的商业。企业终于可以用较低的成本建立起和客户持续的互动，并在此基础上，通过不断的运营来迭代、优化对客户的服务。

B2C 和 C2B 并不像看起来那样，仅仅是字母顺序的颠倒，这里边实际蕴含着对整个商业逻辑的根本性颠覆，也是商业网络从传统的供应链走向网络协同的一种全新的基本模式。

S2B2C 是 C2B 模式的一个变形，因为整个服务是通过小 B 小 C 的紧密互动而驱动的。只是这个互动不一定完全在网上完成，同时，小 B 离开 S 的支持也无法独立完成对客户的服务。其实 S2B2C 是传统供应链模式的升级。

在我接触过的电商企业中，C2B 应用最有代表性的就是网红电商；S2B2C 应用最有代表性的就是张萌老师的青创品牌。

2. 各电商平台的商业模式分析

我们是通过电商平台做生意的，所以一定要了解各个电商平台的商业模式。电商平台的商业模式是指这个平台通过什么盈利，通俗地讲就是这个电商平台的产品或服务卖给谁、赚谁的钱。

第一类模式是卖流量给商家的电商平台，如淘宝、抖音、快手等，平台的用户非常多也非常杂。

第二类模式是卖用户给商家的电商平台，比如，京东就是用自己优质的物流体系吸引优质用户逛京东，京东再将这些用户卖给商家。拼多多和小红书也属于这类模式。

第三类模式是品牌折扣模式，唯品会和得物就属于这类模式，通过品牌商家去赚客户的钱。

3. 完整的商业模式分析包括什么

我看过很多种商业模式的定义，下面引用的这个定义我认为对于分析商业模式非常有用。

因为我们并不是要去学会定义商业模式，而是要学会分析商业模式，拥有这样的分析能力，帮助我们看清电商的底层逻辑。

在《商业模式新生代》一书中，作者对商业模式做了以下定义：一个商业模式描述的是一个组织创造、传递以及获得价值的基本原理。通过构成它所需的九大模块来完成，这九大模块可以展示出一家公司寻求利润的逻辑过程。这九大模块涵盖了一个商业体的四个主要部分：客户、产品或服务、基础设施以及金融能力。这九大模块分别是：客户细分、价值主张、渠道通路、客户关系、收入来源、核心资源、关键业务、重要合作和成本结构。

我把书里的九个模块，按照电商行业的需求重新整理了一遍，以便电商经理能清晰地理解这九个模块的要点。

①客户定位——你想为谁服务和提供价值，谁是我们要服务的客户。②品牌价值——你能为客户提供什么产品或者服务，又或者能为客户解决什么问题。③平台渠道——你要选择哪些平台销售产品。④客户管理——如何提升客户留存、做好客户维护，并增加客户的黏性和复购。⑤如何盈利——你向谁收取费用及如何收取。⑥核心资源——保障业务顺利开展必需的资源是哪些（包括资金、人力）。⑦关键业务——提供什么产品的生产和服务来满足客户需求。⑧合作伙伴——在这项业务中，参与实现业务运转的相关伙伴是谁。⑨成本开支——在生产和提供具体业务时，所需要的成本总和。

找到最适合的商业模式

在了解了商业模式后,我们必须对其有一个认知,那就是,商业模式是会变化的。

作为电商经理,必须对整个电商市场保持敏锐,拥有分析商业模式的能力,找到适合自己现阶段的商业模式。

在我的职业生涯中,有两家我曾就职的公司都采用了当下互联网电商时代最先进的商业模式,也就是 C2B 模式,其年销售额突破亿元。而向我咨询过的其他很多互联网电商商家使用的都是 B2C 商业模式。

单从这两种模式来看,肯定是 C2B 模式更先进,也更容易成功,但这需要建立在两个不同模式的公司整体条件差不多的前提下。因为商业模式并没有绝对的先进或落后,只有适不适合公司当下的现实条件。

1. 以网红女装电商分析 C2B 商业模式

为什么普通的淘宝店与网红店即使在付出同样的努力、配置相同团队的情况下,网红电商模式更容易成功?因为普通淘宝电商一般用的是 B2C 或者 C2C 模式,而网红电商模式看起来是 C2C 或者 B2C 模式,但本质却是 C2B 模式。

下面我就以网红电商为例来解析 C2B 模式如何运转,其核心是什么,可借鉴的地方有哪些。

2010—2016 年这 6 年时间,互联网得到了大规模应用。到移动互联网时代,微博开始发展起来。最开始的时候,是图文爆发,而后视频和直播流行起来。

网红是 2014 年出现的,爆发在 2016 年。微博于 2009 年创立,2014 年上市。自从阿里巴巴投资微博后,淘宝商家就可以在微博上宣传淘宝店,一下就打通了社交媒体与购物平台。

网红女装的商业模式也因此完善起来，其运转流程是这样的：网红一般是年轻美丽的女生，通过自己的微博账号发布动态。动态有时是"晒"生活，比如下午茶；有时是"晒"工作，比如分享面料、新品进度等。而这些看似个人的行为，通常都是有团队在操作的。这些内容看似在分享，其实是在不断试探粉丝的喜好，预测哪些款有可能成为爆款。这些内容在微博发布后，等到产品宣传图拍摄开始后就会在淘宝店铺"剧透"，同时根据以往的经验向供应商进行首单下单，首单的基数并不会很大，会根据粉丝规模和以往首单的售罄率来决定。

首单订单的产品会被设置成定时上架，一般上架3~5分钟就会被抢完。这种销售方式其实就是"饥饿营销"。一旦首单现货售罄，第二批次SKU就全部设置为预售，同时写出具体的预售时间。因为网红有很强的粉丝黏性，因此粉丝们会愿意等待7~15天的第二批次预售，甚至是15~25天的第三批次预售。

这里有一个非常重要的核心点：虽然衣服卖出去了，但卖出去的衣服还没有生产出来，这时候便涉及"柔性供应链"的问题。

柔性供应链是指首单可以小批量生产，同时多次小批量返单，而且都能在7~15天完成。这样一来，单款的订单总量会增加，但单批次的返单并不大，特别是首单。这些拥有小单快返能力的供应商，就形成了柔性供应链体系。

商家通过数据分析，将好的产品，也就是所谓的爆款进行返单，返单的下游供应商要拥有相匹配的快返能力。

有了直播之后，上新当天网红会在直播间进行试穿和讲解，介绍每一款衣服的面料、穿搭，分享这款商品的来历或者故事。在直播中还会增加很多"宠粉"的行动，如送一些礼物，增加互动的乐趣。

但实际上，网红无法一个人完成所有这些工作，其背后通常是一家公司或者一个团队。整个团队在年初制定规划时就会确定全年的上新节奏和品类规划，随后按照规划每个月有序进行上新战役，并在每次战役结束后复盘，优化下一次的战役。

网红在微博上积累粉丝，然后将其引导到淘宝店。打造一个网红IP，前期在微博的营销占比会大于淘宝店的推广营销费占比。但传统的电商并不这样操作。传统电商的消费者只是消费者而不是粉丝，因此商家很难通过人格魅力去影响消费者。

现在是商品过剩的时代，消费者通常不会等待预售，还会货比三家，所以预售模式在传统电商这里并没有得到应用。同时，传统电商每次上新后需要花费大量的推广费用来获得展现，库存率和售罄率也不好控制。

网红模式的成功，可以说是商业模式的成功。一批电商商家找到了最适合自己的商业模式，也可以说是互联网时代先进的商业模式。

2. 找到适合自己的商业模式才是根本

电商的本质是零售业，零售业的底层逻辑就是把产品卖给消费者。

比如网红电商的C2B模式，理论上来说是先获得订单再生产，但实际上网红店也存在库存问题。

网红电商模式是一种商业模式，能精准知道粉丝的需求，并根据需求进行生产。传统电商虽然比线下零售商家更了解消费者需求，但依然不能精准了解消费者对具体的款和SKU的偏好。

传统线下零售一般是代理加盟形式，本质还是零售，但由于不知道消费者的具体需求，库存的损耗非常大。以服装为例，传统的线下品牌是反季开发的，至少提前半年甚至一年进行开发，如春季开发和生产秋季的衣服，生产周期通常为3个月，备货周期为6个月，提前半年甚至一年完成下一季度的产品。

传统电商提前 3 个月进行开发,如秋季开发、生产冬季的衣服,生产周期通常是 2 个月,备货周期是 3 个月,提前一个季度完成下季度的产品。

而网红电商能做到月月上新,备货周期是 1 个月,生产周期只要 7~15 天。

商业模式的进步实际上是优化了整个销售链,减少了整个销售链的损耗,尤其是库存损耗。但是反过来说,如果此时的商业模式相对落后,转型到相对先进的商业模式就一定能成功吗?

答案是否定的。因为适合的商业模式才是正确的。商业模式并不一定要抄别人的,而是找到适合自己的,看自己想做好哪一点。

要做好传统线下零售代理加盟,需要有很强的地推能力;要做好传统电商,需要懂搜索逻辑和数据分析;要做好网红电商,需要有非常强的 IP 才会有影响力。

其实,传统电商的风险要远远大于线下实体,网红电商的风险又远远大于传统电商。商业模式不同,风险指数是不一样的。传统代理加盟模式的风险是压在多个经销商上的,而传统电商的风险是压在一个店铺上的,网红电商模式则是把风险压在一个人身上。所以,网红电商模式虽然有先进的地方,但它的风险也是最高的。

未来的商业模式一定是多平台发展、系统化运营。不管是品牌、个人,还是商家,都需要打造品牌 IP。拥有对商业模式的分析能力,找到最适合自己当下的商业模式,才是根本。

商业模式在计划中的应用

掌握了商业模式的理论之后,接下来的实操就是很重要的一步。在《商业模式新生代》一书中提出:"商业计划的目的是在组织内外描述和沟通一个营利性或非营利性的项目，以及该项目将如何实施。事实上，设计和思考商业模式中所做的工作恰恰是撰写扎实的商业计划的基础，在商业计划中采用七段式结构：团队、商业模式、财务分析、外部环境、具体的执行时间轴、风险分析以及对商业计划进行总结。"

电商经理经常需要写商业计划，比如去一家新公司面试、筹备一个电商新品牌时，都需要会写商业计划，而设计商业模式是商业计划的核心。我看了很多关于商业模式的书，表3-15这份电商商业模式画布，是我根据看过的书和自己的实操经验总结出来的，大家可以根据实际情况略加删减。

表3-15 电商商业模式画布分析

8 合作伙伴	7 关键业务	2 品牌价值	4 客户管理	1 客户定位
在这项业务中，参与实现我们业务运转的相关伙伴是谁	生产和提供什么具体业务来满足客户需求	为客户提供了什么产品或服务，又或者为客户解决了什么问题	客户管理就是客户的留存和维护，目的是增加客户的黏性和复购	是指想为谁服务和提供价值，谁是我们要服务的客户。这里是有取舍的，如何取舍？比如以电商服装为例：可以按四个维度进行划分，根据年龄、职业、风格进行客户细分定位
	6 核心资源		3 平台渠道	
	为保障业务顺利开展，其中必需的资源是哪些（包括资金、人力）		选择哪些平台销售我们的产品。线上平台有很多，如何取舍？同时线上还可以和线下同步。这就是平台和渠道的选择	
9 成本开支			5 如何盈利	
在生产和提供具体业务时，所需要的成本总和			向谁收费？怎么收取所提供的产品和服务的费用	

表 3-16 是某女装品牌商业模式画布分析的最终呈现方式。

表 3-16　某女装品牌商业模式画布分析

8 合作伙伴	7 关键业务	2 品牌价值	4 客户管理	1 客户定位
1. 社交媒体平台 2. 电商销售平台 3. 设计研发代理 4. 产品的供应商	每月上新新款女装，线上线下同步	品牌因款式多样具有极强的搭配优势，创造了可爱与性感兼具的时尚 打造成一个轻快活泼且能引领人们积极面对生活的服饰品牌 要让18~35岁的女性在最美、最魅力四射的年龄段更有自信、更有光彩	线上粉丝的运营维护 社交媒体粉丝的运营维护 线下体验会员维护	年龄：18~35岁 性别：女性 职业：学生、白领、自由职业者 城市：一线城市、二线城市、三线城市 消费水平：客单价在200~300元
	6 核心资源 店铺的粉丝 研发和设计团队 运营团队 新媒体团队 生产制造产品线 线上渠道资源		3 平台渠道 线上：天猫/抖音/小红书/得物 线下：一线城市的百货商场 线下：二线城市、三线城市的渠道代理商	
9 成本开支			5 如何盈利	
1. 生产成本 2. 人力成本 3. 场地成本 4. 线下渠道成本			1. 通过线上线下渠道共同打造品牌，线下平台销售女装来产生利润 2. 通过线下渠道加盟合作产生利润 3. 通过一线城市商场直营产生利润	

一份完整的商业计划必须有哪些要素

一份完整的商业计划包含的要素有：①团队：包括团队的简介；②商业模式：对商业模式画布进行阐述；③财务分析：主要包括全年规划预算、全年的人力成本预算、全年的运营成本的预算，以及对销售额的预估和对盈利点的分析；④外部环境：分析各个渠道的环境、找到最适合的平台或渠道、进行产品的市场容量分析（包括全年的趋势分析、竞争对手的分析以及商业模式的分析）；⑤具体的执行时间轴：包括所有子项目、里程碑、路线图；⑥风险分析；⑦对商业计划进行总结。

财务管理
——财务思维是电商经理的必修课

电商经理必须掌握三个电商公式

作为电商经理，需要每天看各种电商数据指标，这些指标组成了非常重要的三个基本公式，它们也是电商运作的底层逻辑。

1. GMV= 展现量 × 点击率 × 转化率 × 客单价

1）GMV。GMV指电商销售成交总额。以数据工具"生意参谋"为例，当天GMV包括当天成交的订单总额、当天取消的订单金额和当天退货的订单金额。GMV是电商经理每天必看的数据指标。

2）展现量。展现量就是曝光量。无论在哪个平台，都需要去触达消费者，触达消费者的第一步就是要有展现量。只有展现量提高了，才能提高GMV。展现方式有两种，即免费流量渠道展现和付费流量渠道展现。

3）点击率。点击率是电商行业非常重要的一个指标，展现量固定的情况下，点击率高，流量就多；点击率低，流量就少。影响点击率的因素有图片、视频、价格、竞争环境、差异性等。

4）转化率。转化率在GMV公式里是最重要的指标，如果转化率低，一切展现和点击都是空谈。影响转化率的因素有产品的表达、SKU表达、页面布局、客服的询单转化、主播的话术、营销策略等。

5）客单价。客单价指一位消费者购买的产品价格乘以件数，即一位消费者购买商品支付的金额。影响客单价的因素有两个，一个是产品的单价，一个是购买的产品件数。如果想提升客单价，可以让消费者多买，也可以直接提高单价。

2. UV 价值 =GMV/UV

1）UV。UV 就是访客数，访客数 = 展现量 × 点击率，所以要提升访客数就需要从展现量和点击率两方面入手。

2）GMV。GMV=UV × 转化率 × 客单价。

3）UV 价值。UV 价值 =GMV/UV。

把以上三个公式换算一下就是，UV 价值 = 访客数 × 转化率 × 客单价 / 访客数，最后得到的公式是：UV 价值 = 转化率 × 客单价。

从这个公式可以看出，真正影响 UV 价值的是转化率和客单价，所以要提升 UV 价值，要么提升转化率，要么提升客单价。同样，也能通过这个公式来找到 UV 价值提升的真实原因。

3. ROI=GMV/ 推广费用

1）ROI。ROI 是指投资回报率，一般称为投入产出比。

2）GMV。GMV= 展现量 × 点击率 × 转化率 × 客单价。

3）推广费用。推广费用一般是指为增加产品和店铺曝光而支出的费用，分为按展现付费和按点击付费。但这两种付费方式，最终都可以换算成按点击付费。

推广费用 =PPC（单次点击花费）× 点击量；点击量 = 展现量 × 点击率；推广费用 =PPC × 展现量 × 点击率；ROI=GMV/ 推广费用。

我们将公式换算一下，ROI=（展现量 × 点击率 × 转化率 × 客单价）/（展现量 × 点击率 ×PPC），最后得到的投入产出比公式是：ROI= 转化率 × 客单价 /PPC。在上述 UV 价值公式中，我们得到 UV 价值 = 转化率 × 客单价，因此，ROI 就等于 UV 价值 /PPC。

通过 ROI 与 UV 价值和 PPC 的关系，就能快速判断出哪些产品适合推广。

4）盈亏平衡点：我们花费多少才能持平，这就是盈亏平衡点。盈亏平衡点 =1/ 毛利率。比如一个产品成本是 100 元，售价是 200 元，毛利率是 100/200=50%，那么盈亏平衡点 =1/50%=2。当 ROI 等于 2 时，对应的推广费用达成的销售结果不亏本；当 ROI 小于 2 时，对应的推广费用达成的销售结果是亏本的；当 ROI 大于 2 时，对应的推广费用达成的销售结果是盈利的。

以上三个公式是电商常用公式，是和财务相关的公式，也是电商经理必须熟练掌握的三个基本公式。

电商经理必须看懂三张财务报表

沃伦·巴菲特曾经说过："你必须了解会计学，并且要懂得其微妙之处。它是企业与外界交流的语言，一种完美无瑕的语言。如果你愿意花时间去学习它——学习如何分析报表，你就能够独立地选择投资目标。"

电商经理并非要像投资者那样非常精通财务，但想要有效管理企业，一定要懂财务管理，因为企业要实现价值、创造财富。而企业一切的经营活动都是通过财务数据来反映的，所以一定要看得懂资产负债表、利润表和现金流量表这三大财务报表。

1. 这三张表是怎么来的

在企业经营过程中，第一步是取得原始凭证，如出库单、报销单、发票；第二步是根据原始凭证采用复式记账法记账，将记账凭证与会计科目一一对应后形成会计账簿；第三步是整理成报表。

2. 这三张表分别反映什么

（1）资产负债表（表 3-17 和表 3-18）

资产负债表是反映企业在一定日期的财务状况的主要会计报表，包括资产、负债和所有者权益。

表 3-17　资产负债表

							会企01表
编制单位：××××公司			年/月/日				单位：元
资　产	行次	年初数	期末数	负债和所有者权益	行次	年初数	期末数
流动资产：				流动负债：			
货币资金				短期借款			
短期投资				应付票据			
应收票据				应付账款			
应收账款				预收账款			
预付账款				预收款项			
应收股利				应付职工薪酬			
应收利息				应交税费			
其他应收款				应付利息			
存货				应付利润			
其中：原材料				其他应付款			
在产品				其他流动负债			
库存商品				流动负债合计			
周转材料				非流动负债：			
其他流动资产				长期借款			

（续）

会企01表

编制单位：××××公司			年/月/日			单位：元	
资　产	行次	年初数	期末数	负债和所有者权益	行次	年初数	期末数
流动资产合计				长期应付款			
				递延收益			
非流动资产：				其他非流动负债			
长期债权投资				非流动负债合计			
长期股权投资				负债合计			
固定资产原价							
减：累计折旧							
固定资产账面价值							
在建工程							
工程物资							
固定资产清理							
生产性生物资产				所有者权益（或股东权益）：			
无形资产				实收资本（或股本）			
开发支出				资本公积			
长期待摊费用				盈余公积			
其他非流动资产				未分配利润			
非流动资产合计				所有者权益合计			
资产总计				负债和所有者权益总计			
企业负责人：			财务负责人：			制表人：	

将整个资产负债表分为左右结构来看，资产在左边，负债和所有者权益在右边，左边和右边的金额是相等的。因为资产不会无缘无故从天而降，一定是对应相应的负债和所有者权益的，这就是资产的来源。而负债和所有者权益也不会无故消失，一定有对应的去处，也就是对应实现了某些资产。

因此，资产 = 负债 + 所有者权益，也可以写成资产 – 负债 = 所有者权益。

表 3-18　资产负债表

								会企01表
编制单位：××××公司				年 / 月 / 日				单位：元
资　产	行次	年初数	期末数	负债和所有者权益	行次	年初数		期末数
流动资产：				流动负债：				
流动资产合计				流动负债合计				
非流动资产合计				所有者权益合计				
资产总计				负债和所有者权益总计				
企业负责人：			财务负责人：			制表人：		

（1）资产负债表的左边是什么

资产负债表的左边是资产部分，包括流动资产和非流动资产。资产负债表的左边相当于体现出钱花在了哪里，没有花掉的钱就仍然是货币资金，比如现金或银行存款。

流动资产主要包括货币资金、短期投资、应收票据、应收账款、预付账款、应收股利、应收利息、其他应收款、存货、其他流动资产等。

非流动资产主要包括长期债券投资、长期股权投资、固定资产、无形资产、其他非流动资产等。

（2）资产负债表的右边是什么

资产负债表的右边是负债和所有者权益，其中负债主要包括流动负债和非流动负债。资产负债表的右边相当于体现出钱从哪里来的，钱要么是借款，要么是贷款，要么是未付款，所有者权益则可以理解为股东投资入的钱。

流动负债主要包括短期借款、应付票据、应付账款、预收款项、应付职工薪酬、应交税费、应付利息、应付利润、其他应付款、其他流动负债。

非流动负债主要包括长期借款、长期应付款、递延收益、其他非流动负债。

所有者权益（或"股东权益"）主要包括实收资本（或股本）、资本公积、盈余公积和未分配利润。

资产负债表可以让我们了解公司分别有多少资产和债务，比如资产负债表上有100万元资产和35万元负债，那么这个公司的所有者权益为65万元；反之，如果资产负债表上有100万元资产，而负债有135万元，那么公司的所有者权益为负35万元。

对于资产负债表，需要重点了解的是现金或现金等价物、存货、应收账款、固定资产、无形资产、应付账款、短期借款、长期借款这几个会计科目。

下面是资产负债表上最应该关注的几项。

1）现金或现金等价物：现金流是企业的血液和命脉，有了现金流，企业才得以生存。在企业运转过程中，企业用现金购买原料并加工，之后以存货的形式出售,从而产生了应收账款,等回收应收账款后,又转化为现金。在这个循环过程中,企业赚取收益。

比如股东投资 100 万元现金,假设每 100 万元现金的净利润率为 10%,就相当于企业运转 100 万元一次能获得 10 万元利润。如果一年中企业用 100 万元只运转一次,那么就只能赚取 10 万元;如果企业用 100 万元运转三次,就能赚取 30 万元。这就是资金周转率的重要性。此外,成本包括产品生产成本和时间成本,因为如果现金变为存款后没有参与运转了,那么就会产生损失,至少损失了时间成本。企业只有让现金多次投入生产这个循环过程,才能最大化产生效益。

比如,传统线下企业是按季度订货给渠道商或者加盟商的,假设每次运转能使一季度的现金变成存货,再销售、变成现金,这个过程需要 1000 万元,那么正常情况下,企业的资金每年只能运转四次。相比之下,电商企业回款周期是 7~15 天,整个过程同样需要 1000 万元,如果每个月上新运转一次,一年就是 12 次。这就是现金周转次数不同带来的效益的差距,要用同样的钱达成效益最大化。

2)存货:存货是企业等待出售的产品。如果我们仅仅看资产负债表,存货增加会显示资产增加了,但此时算出的利润并不是真实的利润,因为存货是有风险的。以服装为例,但凡是去年的款、去年的库存,就很难在今年销售出去,大部分都是低于成本价出售的。

假设公司年初存货为 0,去年生产了 1 万件,生产成本为 100 元 / 件,总成本为 100 万元,到了年末库存还有 5000 件,库存成本是 50 万元。而这笔存货在资产负债表上显示的是资产。通常库存的服装在第二年都是低于成本价,甚至是以打包价出售的。那么这里就隐藏了 40 万元的实际利润损失。在电商行业,尤其是服装领域,是需要谨慎把控存货的。存货和现金周转一样，从资产负债表上看到资产增加了，但实际并不能转换为同等价值的现金。

3）应收账款：电商行业大部分是B2C模式，应收账款主要来自消费者，按平台结算周期进行结算，选择结算周期短的平台会更有利于资金运转。

4）固定资产：固定资产是指企业为生产产品、提供劳务出租或者经营管理而持有的，使用寿命超过一年的有形资产，主要包括房屋、建筑物、机器、机械、运输工具等。

提到固定资产就会涉及折旧的概念。折旧是在固定资产不断损耗的过程中累积产生的。折旧方法有年限平均法、工作量法、双倍余额递减法和年数总和法。不管用哪种方法，计提的折旧总额是相同的。使用双倍余额递减法和年数总和法可以加速折旧，增加前期的费用，减少前期利润，相当于前期的可支配现金比使用年限平均法和工作量法计提会更多，而折旧总额不变。

5）无形资产：无形资产是指企业拥有或者控制的没有实物形态的可辨认非货币性资产，比如专利权、商标权、品牌、社交媒体的粉丝价值等。很多时候这些无形资产的真实价值并不能在资产负债表上体现出来，电商经理就需要了解这些无形资产的真实价值。

6）应付账款：应付账款是企业因购买材料、商品或者接受劳务供应发生的负债类科目。对应资产类的科目是应收账款。比如，企业购买服装成品，每件100元，共1万件，总计共100万元，供应商将1万件服装和这笔货款的发票一起送过来，这100万元的发票就对应一项应付账款。通过应收账款和应付账款，我们可以了解企业的经营信息。

7）短期借款：短期借款主要是企业在一年内要偿还的负债，包括商用票据和短期银行贷款。这项数字反映企业的短期资金情况。

8）应付职工薪酬：应付职工薪酬包括企业员工的工资、奖金、补助、保险、福利等，通过这个数据可以知道这家企业的人效是多少。比如年销售额100万元的公司，如果有10个人，那么人效是10万元/人；而如果年销售额1000万元的公司，也只有10人，那么人效是100万元/人。人效越高越好。

9）长期借款：长期借款主要是指企业在一年以上才要偿还或者到期的负债。如果这个数字高，企业相应支付的利息也会高。通过这个数字可以判断企业的盈利能力。

10）所有者权益：所有者权益等于企业的资产减去负债。这一个大分类里面容易混淆的是"未分配利润"，因为它容易被误解为没有分配的利润，其实不然。

（2）利润表

利润表也被称为损益表，它是反映企业在一定的会计期间经营成果的报表。

利润表依照权责发生制记录。权责发生制是指凡是当期已经实现的收入和已经发生或应当负担的费用，无论款项是否收付，都应当作为当期的收入和费用；凡是不属于当期的收入和费用，即使款项已在当期收付，也不应作为当期的收入和费用。

利润表主要包括收入、费用、利润。收入是指企业在日常活动中形成的，会导致所有者权益增加的、与所有者投入资本无关的经济利益的总流入；费用是指企业在日常活动中发生的，会导致所有者权益减少的、与向所有者分配利润无关的经济利益的总流出；利润是指企业在一定的会计期间的经营成果。利润表如表3-19所示。

表 3-19　利润表

			会企 02 表
编制单位：××××公司		年/月/日	单位：元
项　　目	行次	期末余额	期初余额
一、营业收入			
减：营业成本			
营业税金及附加			
其中：消费税			
营业税			
城市维护建设税			
资源税			
土地增值税			
城镇土地使用税、房产税、车船税、印花税			
教育费附加、矿产资源补偿费、排污费			
销售费用			
其中：开办费			
业务招待费			
研究费用			
财务费用			
其中：利息费用（收入以"-"号填列）			
加：投资收益（损失以"-"号填列）			
二、营业利润（损失以"-"号填列）			
加：营业外收入			
其中：政府补助			
减：营业外支出			
其中：坏账损失			

（续）

会企 02 表

编制单位：××××公司　　　年/月/日　　单位：元

项目	行次	期末余额	期初余额
无法收回的长期债券投资损失			
自然灾害不可抗力因素造成的损失			
税收滞纳金			
三、利润总额（亏损总额以"-"号填列）			
减：所得税费用			
四、净利润（净亏损以"-"号填列）			

企业负责人：　　　财务负责人：　　　制表人：

利润表怎么看呢？我把利润表简化为表 3-20 的格式。

表 3-20　简化的利润表

会企 02 表

编制单位：××××公司　　　年/月/日　　单位：元

项目	行次	期末余额
一、营业收入	1	
减：营业成本	2	
加：投资收益（损失以"-"号填列）	3	
二、营业利润（损失以"-"号填列）	4	
加：营业外收入	5	
减：营业外支出	6	
三、利润总额（亏损总额以"-"号填列）	7	
减：所得税费用	8	
四、净利润（净亏损以"-"号填列）	9	

企业负责人：　　　财务负责人：　　　制表人：

根据"利润 = 收入 – 费用",可以扩展出以下三个公式,它们也是利润表的计算方式。

营业利润(4)= 营业收入(1)– 营业成本(2)+ 投资收益(3)

利润总额(7)= 营业利润(4)+ 营业外收入(5)– 营业外支出(6)

净利润(9)= 利润总额(7)– 所得税费用(8)

对于利润表,需要重点了解的是营业收入、毛利润和毛利率营业成本、销售费用、研究费用、利息费用、投资收益、利润总额、所得税费用、净利润。

1)营业收入:营业收入是从事主营业务和其他业务所取得的收入。比如一家公司的年销售额为1亿元,那么这家企业年度报告中利润表的营业收入显示的是1亿元。

2)毛利润和毛利率:营业收入高不代表利润高,一家公司是否盈利,要看毛利润和毛利率是否为正。除营业收入外,毛利润还取决于营业成本。

毛利润 = 营业收入 – 营业成本

毛利率 = 毛利润 / 营业收入

3)营业成本:营业成本可分为主营业务成本和其他业务成本。主营业务成本是企业销售商品、提供劳务等经常性活动所发生的成本。企业一般在确认销售商品、提供劳务等主营业务收入时,或在月末,将已销售商品、已提供劳务的成本转入主营业务成本。其他业务成本是企业确认的除主营业务活动以外的其他经营活动所发生的支出。其他业务成本包括销售材料的成本、出租固定资产的折旧额、出租无形资产的摊销额、出租包装物的成本或摊销额等。以制造公司为例,年初的库存成本加上这一年中所增加的进货成本,再减去期末库存产品成本的价值,就是当年的营业成本。假设某公司年初有100万元的存货价值,这一年中又增加了30万元存货,在年末还剩 50 万元，那么这家公司的营业成本为 80 万元。

4）销售费用：销售费用是指企业销售商品和材料、提供劳务的过程中发生的各种费用。销售费用是营业费用之一，这些费用都需要在利润中扣除。电商经理要关注的是这一项费用占毛利润的比例，当然这个比例越低越好。同样应该在一个行业内进行比较，或者自己进行同期对比，将其控制在一定比例内。

5）研究费用：在一些研发成本比较高的行业需要更多关注这项费用，如科技行业和生物医药行业。也要关注这项费用在毛利润中的占比。

6）利息费用：利息费用是指公司为债务所支付的利息，计入"财务费用"会计科目中。公司的利息费用越高，说明公司负债越多。

7）投资收益：投资收益是指企业对外投资所得的收入（包括盈利或者亏损，如亏损则为负数），反映在"投资收益"会计科目中。比如公司出售一台机器，该机器原价值为 10 万元，计提折旧后，现账面价值为 5 万元，现在公司以 6 万元出售该机器，则投资收益记录为 1 万元；如果以 3 万元出售，则投资收益记录为负 2 万元。

8）利润总额：利润总额其实就是税前利润，扣除了所有的营业费用但未减去应交所得税的利润总额。

9）所得税费用：是指企业经营利润总额应缴纳的所得税。

10）净利润：净利润就是利润总额减去应交所得税后的利润。所得费税用 = 当期所得税 + 递延所得税费用 + 以前年度所得税调整，"以前年度所得税调整"不一定有。

（3）现金流量表

现金流量表反映在一个固定期间内企业现金增减变动情况。通过现金流量表可以看到这家企业的现金流入流出情况。因为利润表是按权责发生制记录，所以现金流量表比利润表能更体现企业的现金情况。现金流量表如表 3-21 所示。

表 3-21 现金流量表

现 金 流 量 表		
编制单位：××××××有限公司		单位：元
项　　目	行次	金　　额
一、经营活动产生的现金流量		
销售商品、提供劳务收到的现金		
收到的税费返还		
收到的其他与经营活动有关的现金		
现金流入小计		
购买商品、接受劳务支付的现金		
支付给职工以及为职工支付的现金		
支付的各项税费		
支付的其他与经营活动有关的现金		
现金流出小计		
经营活动产生的现金流量净额		
二、投资活动产生的现金流量		
收回投资所收到的现金		
取得投资收益所收到的现金		
处置固定资产、无形资产和其他长期资产所收回的现金净额		
收到的其他与投资活动有关的现金		
现金流入小计		

（续）

现 金 流 量 表		
编制单位：××××××有限公司		单位：元
项　目	行次	金　额
购建固定资产、无形资产和其他长期资产所支付的现金		
投资所支付的现金		
支付的其他与投资活动有关的现金		
现金流出小计		
投资活动产生的现金流量净额		
三、筹资活动产生的现金流量		
吸收投资所收到的现金		
借款所收到的现金		
收到的其他与筹资活动有关的现金		
现金流入小计		
偿还债务所支付的现金		
分配股利、利润或偿付利息所支付的现金		
支付的其他与筹资活动有关的现金		
现金流出小计		
筹资活动产生的现金流量净额		
四、汇率变动对现金的影响		
五、期初现金及现金等价物净增加额		
六、期末现金及现金等价物余额		

现金流量表结构如表3-22所示：

表 3-22 现金流量表的结构

现 金 流 量 表		
编制单位：××××××有限公司		单位：元
项　　目	行次	金　　额
一、经营活动产生的现金流量		
二、投资活动产生的现金流量		
三、筹资活动产生的现金流量		
四、汇率变动对现金的影响		
五、期初现金及现金等价物净增加额		
六、期末现金及现金等价物余额		

公式：期末现金及现金等价物余额＝经营活动产生的现金流量＋投资活动产生的现金流量＋筹资活动产生的现金流量＋汇率变动对现金的影响＋期初现金及现金等价物净增加额

其中第四项汇率变动对现金的影响主要针对境外有子公司的企业。

现金流量表比较简单，虽然它的名字是现金流量表，但它不仅仅记录现金，还包括现金和现金等价物。通俗地讲，现金流量表主要反映钱是怎么来的。

对于现金流量表，主要需要了解三个部分：

1）经营活动产生的现金流量：主要包括经营活动现金流入和经营活动现金流出。

经营活动现金流入主要包括：销售商品、提供劳务收到的现金；收到的税费返还；收到的其他与经营活动有关的现金。

经营活动现金流出主要包括：购买商品、接受劳务支付的现金；支付给职工以及为职工支付的现金；本期支付的各项税费；支付的其他与经营活动有关的现金。

2）投资活动产生的现金流量：分为投资活动现金流入与投资活动现金流出。

投资活动现金流入主要包括：收回投资所收到的现金；取得投资收益所收到的现金；处置固定资产、无形资产和其他长期资产所收回的现金净额；收到的其他与投资活动有关的现金。

投资活动现金流出主要包括：购建固定资产、无形资产和其他长期资产所支付的现金；投资所支付的现金；支付的其他与投资活动有关的现金。

3）筹资活动产生的现金流量：分为筹资活动现金流入与筹资活动现金流出。

筹资活动现金流入主要包括：吸收投资所收到的现金；借款所收到的现金；收到的其他与筹资活动有关的现金。

筹资活动现金流出主要包括：偿还债务所支付的现金；分配股利、利润或偿付利息所支付的现金；支付的其他与筹资活动有关的现金。

当你能看懂资产负债表、利润表和现金流量表这三张表时，一些上市公司的财报你也基本都能看得懂。更重要的是，作为电商经理，你必须要拥有财务思维。

电商经理必须了解三个税务常识

电商经理必须了解税务常识，主要要了解三大税种，即增值税、企业所得税、个人所得税。

1. 增值税

（1）什么是增值税

增值税纳税人：凡在中华人民共和国境内销售货物或者提供加工、修理修配劳务以及进口货物的单位和个人,为增值税的纳税人。增值税的纳税人分为一般纳税人和小规模纳税人。

区分一般纳税人和小规模纳税人主要看两点:①会计核算是否健全;②年应税销售额。自2018年5月1日起,纳税人不分行业性质,年应税销售额在500万元以下的为小规模纳税人,500万元以上的为一般纳税人。

(2)增值税税率是多少?

1)一般纳税人的税率

- 销售或者进口货物(另有列举的货物除外)、销售劳务:按13%征收
- 销售或者进口农产品:按9%征收
- 提供有形动产租赁服务:按13%征收
- 提供交通运输服务、邮政服务、基础电信服务、建筑服务,销售不动产,转让土地使用权,提供不动产租赁服务的行业:按9%征收
- 增值电信服务,金融服务,研发技术服务、信息技术服务、文化创意服务、物流辅助服务、鉴证咨询服务、广播影视服务、商务辅助服务、其他现代服务,文化体育服务、教育医疗服务、旅游娱乐服务、餐饮住宿服务、居民日常服务、其他生活服务,有形动产租赁服务,转让技术、商标、著作权、商誉、自然资源和其他权益性无形资产使用权或者所有权:按6%征收

2)一般纳税人增值税计算公式

应纳税额 = 当期销项税额 - 当期进项税额

应纳税额 = 销售额 × 征收率 = 含增值税销售额 ÷ (1+征收率) × 征收率

（3）混合销售与兼营行为

1）混合销售：同一项销售行为如果既涉及货物又涉及服务，为混合销售。从事货物的生产、批发或者零售的单位和个体工商户的混合销售行为，按照销售货物缴纳增值税；其他单位和个体工商户的混合销售行为，按照销售服务缴纳增值税。

2）兼营行为：指纳税人的经营范围既包括销售货物和加工、修理修配劳务，又包括销售服务、无形资产或者不动产，但是，销售货物、加工修理修配劳务和销售服务、无形资产或者不动产不同时发生在同一项销售行为中。

3）分别核算销售额：分别适用不同税率或者征收率征税。

4）未分别核算销售额：从高适用税率或者征收率征税。

5）纳税人兼营减税、免税项目的，应当分别核算免税、减税项目的销售额；未分别核算销售额的，不得免税、减税。

（4）增值税税率征收及注意事项

1）纳税期限

纳税期限包括1日、3日、5日、10日、15日、1个月、1季度。一般纳税人一般为15日，15日之前要报送增值税报表；小规模纳税人一般按月度缴纳增值税。

2）税务机关代开发票基本规定

税务机关代开发票范围：已办理税务登记的小规模纳税人（包括个体工商户）以及国家税务总局确定的其他可予代开增值税专用发票的纳税人，发生增值税应税行为，可以申请代开增值税专用发票。自2020年2月1日起，纳入增值税小规模纳税人自开增值税专用发票试点的小规模纳税人需要开具增值税专用发票的，可以通过新系统自行开具，主管税务机关不再为其代开。

小规模纳税人自行开具增值税专用发票试点范围：住宿业，鉴证咨询业，建筑业，工业，信息传输、软件和信息技术服务业，租赁和商务服务业，科学研究和技术服务业，居民服务、修理和其他服务业。上述8个行业小规模纳税人需要开具增值税专用发票的，可以自愿使用增值税发票管理系统自行开具。试点纳税人销售其取得的不动产，需要开具增值税专用发票的，按照有关规定向税务机关申请代开。

（5）增值税发票种类

1）增值税专用发票

增值税专用发票一般分为三联，第一联为记账联，是销售方的记账凭证；第二联为抵扣联，作为购买方的抵税凭证；第三联是发票联，是购买方的记账凭证。一般开具发票时，会将第二联和第三联寄给客户。

2）增值税普通发票

增值税普通发票一般分为两联，因为不需要进行增值税抵扣，所以没有抵扣联。第一联为记账联，是销售方记账的凭证；第二联为发票联，是购买方的记账凭证。

（6）虚开、非法代开发票认定

1）没有发生交易而为他人、为自己、让他人为自己、介绍他人开具增值税专用发票；

2）有交易，但为他人、为自己、让他人为自己、介绍他人开具数量或者金额不实的增值税专用发票；

3）进行了交易，但让他人为自己代开增值税专用发票，开票方与实际销售方不一致；

4）虚开发票后，按《刑法》相关条款及相应司法解释的规定，会受到处罚。

2. 企业所得税

（1）什么是企业所得税

企业所得税是以我国境内的企业和其他取得收入的组织取得的生产经营所得和其他所得为征税对象的一种税。

企业所得税纳税人是指我国境内的企业和其他取得收入的组织。其中企业包括居民企业和非居民企业。

注意：个体工商户、个人独资企业和合伙企业的个人投资者缴纳个人所得税，不是企业所得税的纳税人。

（2）企业所得税税率

1）居民企业以及在中国境内设有机构、场所且所得与机构、场所有关联的非居民企业适用25%的税率。

2）中国境内未设立机构和场所的，虽设立机构、场所但取得与其所设机构、场所没有实际联系的非居民企业适用20%的税率。

3）符合条件的小型微利企业适用20%税率。

4）国家重点扶持的高新技术企业、经认定的技术先进型服务企业、西部地区鼓励类产业企业（2011.1.1~2020.12.31）、符合条件的从事污染防治的第三方企业（2020年新增）适用15%税率。

（3）企业所得税征收及注意事项

应纳税额计算：

应纳税额 = 应纳税所得额 × 适用税率 − 减免税额 − 抵免税额

3. 个人所得税

（1）什么是个人所得税

个人所得税是对个人取得的各项应税所得征收的一种税。个人所得税的纳税人既包括"自然人"，又包括"自然人性质的特殊主体"（个体工商户、个人独资企业的个人投资者、合伙企业的个人投资者）。

个人所得税征税内容包括：

- 工资、薪金所得
- 劳务报酬所得
- 稿酬所得
- 特许权使用费所得
- 经营所得
- 利息、股息、红利所得
- 财产租赁所得
- 财产转让所得
- 偶然所得

（2）个人所得税税率是多少

- 综合所得（工资、薪金所得，劳务报酬所得，稿酬所得，特许权使用费所得），适用3%~45%的七级超额累进税率
- 经营所得，适用5%~35%的五级超额累进税率
- 利息、股息、红利所得，财产租赁所得，财产转让所得和偶然所得，适用20%的比例税率

（3）个人所得税计算方法及注意事项

个人所得税应纳税所得额 = 各项收入 – 税法规定的扣除项目或扣除

金额

1）居民个人预扣预缴办法：每月（次）综合所得税务处理

工资、薪金所得：扣缴义务人支付时，按"累计预扣法"计算预扣税款，并按月办理全员全额扣缴申报。

劳务报酬所得：扣缴义务人支付时，按以下方法按次或按月预扣缴税款（3级累进）。

- 每次收入不超过4000元的，预扣预缴税额＝（收入－800）×预扣率
- 每次收入4000元以上的，预扣预缴税额＝收入×（1-20%）×预扣率－速算扣除数

稿酬所得：扣缴义务人支付时，按以下方法按次或按月预扣预缴税款。

- 每次收入不超过4000元的，预扣预缴税额＝（收入－800）×70%×20%
- 每次收入4000元以上的，预扣预缴税额＝收入×（1-20%）×70%×20%

特许权使用费所得：扣缴义务人支付时，按以下方法按次或者按月预扣预缴税款。

- 每次收入不超过4000元的，预扣预缴税额＝（收入－800）×20%
- 每次收入4000元以上的，预扣预缴税额＝收入×（1-20%）×20%

2）个人独资企业和合伙企业的生产、经营所得

个人独资企业、合伙企业的个人投资者，以企业资金为本人、家庭成员及其相关人员支付与企业生产经营无关的消费性支出及购买汽车、住房等财产性支出的，视为企业对个人投资者的利润分配，并入投资者个人的生产经营所得，依照"经营所得"项目计征个人所得税。

（4）征收管理

我国的个人所得税纳税申报有自行申报纳税和全员全额扣缴申报纳税两种方式。税法规定，个人所得税以所得人为纳税人，以支付所得的单位或者个人为扣缴义务人。

支付方式包括现金支付、汇拨支付、转账支付和以有价证券、实物以及其他形式支付。

（5）取得综合所得需要办理汇算清缴的纳税申报

1）取得综合所得且符合下列情形之一的纳税人，应当依法办理汇算清缴：从两处以上取得综合所得，且综合所得年收入额减除专项扣除后的余额超过60000元；取得劳务报酬所得、稿酬所得、特许权使用费所得中一项或者多项所得，且综合所得年收入额减除专项扣除的余额超过60000元；纳税年度内预缴税额低于应纳税额；纳税人申请退税。

2）汇算清缴期限：纳税人应当在取得所得的次年3月1日到6月30日内办理汇算清缴。

3）汇算清缴地点：任职、受雇单位所在地主管税务机关；纳税人有两处以上任职、受雇单位的，选择向其中一处任职、受雇单位所在地主管税务机关办理纳税申报；纳税人没有任职、受雇单位的，向户籍所在地或经常居住地主管税务机关办理纳税申报。

（6）取得经营所得的纳税申报

1）纳税人取得经营所得，按年计算个人所得税，由纳税人在月度或季度终了后15日内，向税务机关报送纳税申报表，并预缴税款；在取得所得的次年3月31日前办理汇算清缴。

2）从两处以上取得经营所得的，选择向其中一处经营管理所在地主管税务机关办理年度汇总申报。

（7）综合申报管理：无须办理年度汇算的情形

1）纳税人年度汇算需补税但年度综合所得收入不超过 12 万元的；

2）纳税人年度汇算需补税金额不超过 400 元的；

3）纳税人已预缴税额与年度应纳税额一致或者不申请年度汇算退税的。

（8）综合申报管理：需要办理年度汇算的情形

1）纳税年度已预缴税额大于年度应纳税额且申请退税的。

包括：年度综合所得收入额不超过 60000 元但已预缴个人所得税；年度劳务报酬、稿酬、特许权使用费适用的预扣率高于综合所得年适用税率；预缴税款时，未申报扣除或未足额扣除减除费用、专项扣除、专项附加扣除、依法确定的其他扣除或捐赠；未申报享受或未足额享受综合所得税收优惠等情形。

2）纳税年度综合所得收入超过 12 万元且需要补税金额超过 400 元的，包括取得两处及以上综合所得，合并后适用税率提高导致已预缴税额小于年度应纳税额等情形。

电商经理的成长笔记
从新手到高手

第 4 章

掌握可复制模板，让电商经理工作事半功倍

电商经理的很多工作是重复的,为了提高效率,我从自己这些年的经验中总结出这一套可复制的模板和工具表。如何使用这些工具是有一个系统的。整个链路是这样的:年初规划——月行事历——月复盘——工作周报(周计划、周复盘)——工作日报(日计划、日复盘)——年复盘会,如图 4-1 所示。

首先,以年初规划开始,这个年初规划就是全年的战略方向,确定目标,拆解目标,然后各主管根据这个年初规划制订各部门的计划。它起到的作用是总领全局,制定战略目标。这个规划的主要负责人就是电商经理。

这样规划,其实是将大目标拆解为每天的工作目标,将一年分为 12 个

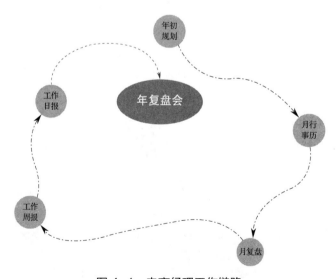

图 4-1 电商经理工作链路

月，将月分成4周，将周分为6天，将每天分成N个小时来安排工作并完成目标。

（1）年初规划：电商经理制定年初规划，各主管根据年初规划制定具体的部门目标，并制定完成计划。最需要电商经理关注的一个规划就是运营规划，所以我在下文中将运营规划单独列出，运营规划的核心是销售额目标的拆解以及营销费占比的分配。

（2）月行事历：有了年初规划，接下来要制定的就是月行事历，这包括每个月的营销节奏、重点目标和为了达成目标要做的事项。月行事历的工作事项，主要是电商经理自己的工作事项，都是为了完成年初规划目标以及一些常规事项而形成的。

（3）月复盘：有月行事历，就有月复盘。每个月复盘要针对这个月的目标是否达成来进行，同时修正、重组目标。在月复盘的过程中，将月目标的达成作为一个标准，来对月目标进行修正，从而更好地指导下一个月的工作。

（4）工作周报：周报包括周计划和周复盘。把一个月分成四周，根据月行事历，将月行事历的事项分配到每周的工作中，并分解成周目标。周目标是为达成月目标服务的。周复盘是为了更好地完成本周工作的检查以及更好地指导下周工作。

（5）工作日报：根据周目标来制定每天的工作目标，同时一天结束后进行复盘，检查今天的目标是否达成、自己是否在管理上有提升。

（6）年复盘会：年复盘会是对一整年工作的复盘，这个复盘是从下往上的，比如由各主管先对自己的部门工作进行复盘，然后再由电商经理总结复盘。这个复盘会也为电商经理进行下一年度的规划服务。电商经理最需要关注的是运营端的数据，所以我在下文中将运营复盘做成了模板。

这六项形成了电商经理整个工作链路的闭环。此外，我还会介绍一些实用的开会方法、项目进度管理方法，以及招人和培训的技巧工具。

可复制的年初规划
——以终为始制定方向一致的战略规划

凡事预则立，不预则废。电商经理必须要做的事情是定战略、定方向，以终极战略目标为方向。只有方向确定了，各部门才能根据总战略方向制定各自的年度规划，并分解目标、落地到每个月的工作中。

电商经理应该对每一块工作都深入了解并掌握，这样才能分析和判断各部门的规划和执行是否有效。如果公司规模较小，一般由电商经理制定全部规划，所以电商经理必须要掌握这些能力。

1. 规划结构

总：年规划由电商经理制定

分：各部门规划由各主管根据年规划制定

- 财务部主管根据运营部规划制定服务规划
- 人事部主管根据营业额目标制定人事规划
- 产品部主管（设计、生产、技术）制定产品规划
- 仓储部主管制定全年仓储规划
- 客服部主管制定客服部全年规划
- 运营部主管制定全年运营规划
- 新媒体部主管制定新媒体规划

- 直播部主管制定全年直播规划
- 抖音部主管制定全年抖音规划
- 视觉部主管制定年度视觉规划

2. 年初规划解析

从战略层面做公司年初规划的重点在于，定战略方向和目标。

下面这个年初规划通用模板是我在这些年的工作中总结出来的。其内容是针对电商女装的，里面的一些细节可能会与大家的店铺不同，但整体框架是一样的，大家只需要按照自己公司的规划和需求替换内容即可。

主题：2022年度××公司战略方向

制定时间：2021年12月

主要框架分为四个部分：明年的方向是什么？战略方向如何实现？各个目标如何设立？如何用管理拿结果？

第一部分：明年的方向是什么？

先说清方向是什么：保存存量市场，拓展增量市场。

定这个方向的原因：因为电商公司经常面临人员变动、业务调整，我们要基于现状，在危机中保存现有市场的同时，通过优化产品和提升服务水平去拓展适合的增量市场。

如何实现这个目标：通过竞店标杆对照，同时做好每一次复盘，在存量市场盯竞争对手，在增量市场找到破局点。

第二部分：战略方向如何实现？

一般需要通过存量市场和增量市场实现年初规划制定的战略目标，并在管理中设置主管负责制。

存量市场：这里的存量市场可狭义理解为，围绕现有客户和平台所做的市场，以及目前所拥有和所占有的市场份额。

增量市场：这里的增量市场可狭义理解为，除现有存量市场以外，通过其他平台或产品来获取新客户的市场。

如果将一家公司比喻成一座房子，存量市场是核心，是这座房子的门，是大流量入口。这是最重要的。如果存量市场保不住，增量市场又没有做起来，那就会非常危险。因此，我们需要在存量市场还没衰退时，在增量市场找到破局点。

增量市场就是这座房子的窗户，我们可以只开一扇窗，也可以打开很多扇窗，但要区分主次。

主管责任制，是管理中由电商经理下属的各主管对其部门负责的一种管理方式。

积极拓展增量市场和存量市场，并通过主管责任制实现战略方向，可以套用在任何一家电商公司。其中的不同就是增量市场开什么窗、开几扇窗，这要根据公司的规模、实力以及战略方向来定。

第三部分：各目标设立

（一）存量市场目标设立

存量市场 GMV 怎么定？

存量市场指的是公司现有的业务，存量市场的目标需根据公司前三年的情况以及下一年的趋势提前和老板（上级）一起制定。建议制定一个跳一跳能够得着的目标，不要"假大空"，只追求数据好看。如果存量市场大盘在衰退，也可以保量完成上一年的年营业额。这根据实际情况来定即可。

总之，存量市场是以拓展满足现有客户的产品和提升对现有客户的服务为重点抓手的。

定好存量市场目标后，就要将其进行分解，明确如何完成目标、重点抓手是什么。存量市场一直都在，我们要确定除了常规工作外，通过哪个着力点才能更好地撬动市场以达成目标。

因为市场竞争永远存在，存量市场是和竞争对手比拼后，我们仍然能占有的份额。

找到抓手之后，就要将完成这个目标所要做的事项沿着目标方向进行分解。这是在常规工作下进行的重点抓手工作。

比如，一家公司存量市场的重点抓手是拓展产品和提升服务，那我们就将这个重点抓手的目标分解并落地到各部门。我在这里以女装公司为例进行拆解，大家只需参考和自己公司相同的部分，对于其余的部分可以根据自己的行业和产品制定。

不管商业模式怎么改变、平台怎么更换，产品和服务永远是不会变的核心。要重点抓产品和服务，并由各部门落地到月行事历上。通过流程计划、执行到位、复盘改进这三步，来跟进整个工作的结果。

以下是女装公司基于产品和服务这两个重点抓手工作，在常规工作以外要做的重点工作的具体落地事项：

1. 新媒体端：批量达人种草以及短视频内容输出，配合客服部做会员活动策划，并落地到每月行事历中。

2. 客服部：成立 SVIP 专门客户服务组，新媒体部、运营部协同参与。

3. 运营部：关注点是如何提升每日销售额。

4. 产品上新频次：增加上新频次——每月大上新、每周小上新。

5. 控制库存率：①爆款库存解决方案；②销量一般的库存解决方案；

③尾货库存解决方案。

6.营销节奏：把控电商营销节奏是关键，因此需从这三个方面提前布局：①营销费用占比；②各推广工具占比；③每月营销费占比。

7.关键节点：除了常规上新之外，这三个关键节点也要提前布局：①重点月份上新；②换季重点上新；③官方大促上新。

（二）增量市场目标设立

增量市场是每一个商家必须要做的，因为任何市场都有自己的生命曲线，最理想的状态是公司在存量市场接近顶峰时在增量市场破局增长，完成使命交替。

前文中我把增量市场比作窗户，这也意味着这是尝试，不是团队的核心重点，团队的核心重点仍然是存量市场。而增量市场的拓展一般只需要由一支小分队进行或者完全独立进行。

对于电商来说，增量市场其实就是现有平台之外的其他平台。

建议增量市场一：抖音

外部环境分析：据2021年数据显示，抖音的日活跃用户数量高达6亿，抖音已经成为商家必争之地，同时，直播也成为商家的重点战场，基于这样的形势，将抖音作为增量市场进行拓展。

内部环境分析：主战场不变，将抖音变为增量市场，这里要从自身的优势去分析，包括产品、服务、供应链，以及更强的商业变现能力。

抖音电商变现有三种模式：①做自己的账号，匹配品牌商家直播带货变现；②做自己的账号，匹配自有品牌直播带货变现；③通过达人的账号带货，自有品牌变现。

抖音增量GMV目标：××万元。

归属部门：抖音部。

分解目标：

1. 找到对标账号，进行抖音账号矩阵搭建；

2. 抖音小店产品上新与服务维护；

3. 公司自有品牌店铺直播，完成销售额的30%；

4. 第一年以增加曝光为主，与外部达人合作带货70%。

建议增量市场二：原平台拓展新店铺

开设新店的目的是把达人带货的链接集中起来，与外部达人合作，为新店取名"××直播间"，同时将清仓款放在这家店出售。清仓与外部合作是新店铺的主营模式。

GMV目标：运营部定××万元。

归属部门：独立部门或者由现有的部门来接管。

分解目标：

1. 上新同步带货：新店铺通过达人带货和原店铺同步上新；

2. 主店的日销爆款产品通过与达人合作带货每月排期不低于10场；

3. 清仓款带货（库存数量大于50的全部上架）：所有主店的清仓款与达人合作带货。

建议增量市场三：小红书商城

小红书商城主要是为了给品牌在小红书上寻找达人带货以及在小红书上进行种草和带货，相当于品牌打通各个媒体以及与达人合作的媒介，更主要的任务是种草。

GMV目标：××万元。

归属部门：独立部门或者由现有的部门来接管。

分解目标：

1. 定期上新新品；

2. 制定内容输出和更新频率；

3. 参与店铺活动；

4. 寻求达人合作。

第四部分：如何通过管理拿结果

用责任人制进行管理，由主管对结果负责，根据总战略方向制定各部门的年度规划，同时将重点抓手的事项融入每个月的月度目标管理中。

分解目标：

1. 各部门主管根据战略方向制定本部门的年度规划；

2. 同时将年度目标分解到每月目标；

3. 对每月工作进行复盘，了解达成度，并进行下一月的目标重组。

3. 运营规划案

最需要电商经理关注的数据是能呈现整个营运结果的运营部数据。因为运营端涵盖的数据比较多，所以电商经理可以制定一个运营部统一的规划模版。这样一方面大家都能知道哪些数据比较重要，另一方面即使遇到人员变动，工作也不会受到影响。

电商经理必须自己会做运营规划案，然后再指导其他人做。

以下介绍如何制定公司的全年运营规划案。

主题：2022 年度 ×× 公司运营规划

制定时间：2021 年 12 月

主要框架分为：

1. 全年各季度、月度销售额目标：在战略规划的基础上将销售目标分解到每个月；

2. 全年营销推广预算：把完成"全年各季度、月度销售额目标"需要的推广费用分解到每个月；

3. 全年上新节奏规划：对全年上新节奏和时间节点进行规划；

4. 全年营销活动规划：对全年官方活动、店铺活动、节日活动进行整体规划；

5. 全年上新品类与产品布局规划：通过市场分析得出品类与产品布局规划；

6. 全年会员营销活动规划：针对店铺会员策划全年营销活动方案；

7. 全年爆款策略规划：对店铺全年爆款产品的策略进行规划；

8. 全年产品清仓节奏与规划：如何把控全年的库存率和规划清仓节奏；

9. 全年SVIP会员营销规划：针对重点VIP客户制定营销方案。

这里我主要用了电商经理的年初规划和运营部的年规划来举例，其他部门的年规划可以根据自身部门的职责进行规划，这样，以终为始的年初规划就制定好了。

如果是新公司，制定流程会有一些不同。新公司做年初规划的时候要从品牌、运营和管理三个方面入手。品牌包括品牌定位和产品企划；运营包括如何解决流量、转化和复购的问题；管理包括流程管理和团队管理。

所有公司在制定好年初规划后，就需要将年目标分解到具体的月行事历中。

可复制的月行事历

——根据全年工作规划制定 12 个月行事历

1. 为什么要做月行事历？

相信很多人都听说过 1 万小时理论吧。1 万小时对于我们来说是一个巨大且很难完成的目标，但如果我们先将 1 万小时除以 100 变成 100 小时，再将 100 小时重复 10 次变成 1000 小时，将 1000 小时再重复 10 次变成 1 万小时；又或者直接将 100 小时重复 100 次变成 1 万小时，是不是就会觉得执行 1 万小时理论变得没有那么难了？

因此，当我们制定完整个年初规划的时候，就可以将全年 12 个月的月行事历全部排出来。当排好 12 个月的月行事历后，你会惊喜地发现，全年的落地工作事项在大脑中变得非常清晰。

2. 月行事历的侧重点是什么？

月行事历的侧重点是对全年事项进行整体的分解，并一目了然地反映在月行事历中。根据月行事历将必做的事项进行落地执行，并在月底复盘时将结果和目标进行对照。

3. 月行事历应该怎么做呢？

下面我就以事项最多的 12 月为例介绍月行事历怎么做，这个月会做了，其他月份以此类推即可。

我自己的习惯是一次性把 12 个月的月行事历都罗列出来，这样能让我更直观地看到事项推动的进度，了解哪些事项提前完成了、哪些没有按计划完成、哪些需要微调、哪些需要大的改动。

因为12月是关键月份，所以必须卡准时间节点。每年的12月份都是最忙碌的时候，电商经理不仅要复盘全年工作，还要根据复盘结果进行下一年度战略方向的确定，之后还要督促各部门根据年度战略方向制定各部门下一年度规划，同时还要开会进行再一次的修改和目标重组。

这一步完成后，12月下旬便要马上制定下一年1月份的工作计划，等到1月1日上一年度的数据全部齐全，要在1月的第一周进行年度规划的小修改或调整，以及数据填充。

虽然12月有很多复盘、规划和会议，但按照下面这个时间节点执行，相信大家可以做到忙中有序，工作效率也能提高不少。

12月的关键时间节点：

12月第一周：全年各部门复盘工作启动并完成——各部门完成复盘，准备下周会议；

12月第二周：全年复盘工作会议——各部门汇报——电商经理总结点评；

12月第三周：全年战略规划会议——由电商经理完成；

12月第四周：根据全年战略规划会议召开各部门年规划会议——各部门完成部门年规划；

12月最后一周：根据年度规划制定月行事历——各部门完成月行事历。

模板分析：202×年某公司的电商经理的月行事历模板（图4-2）

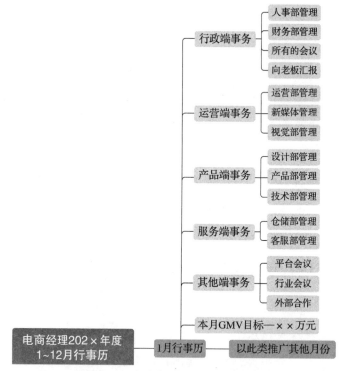

图 4-2 电商经理的月行事历模板

根据全年工作规划,我将 1~12 月的月行事历用思维导图的方式先罗列出来,这样可以一目了然。

每月行事历:

第一部分:GMV 目标

电商行业从业者,特别是电商经理,必须以 GMV 为重要且紧急的目标,所有的事项都围绕这个目标开展。

第二部分:将工作拆分成五个版块

1.行政端事务:主要包括人事相关、财务相关、所有会议相关(周会、计划和复盘会、跨部门会议和全部线上线下会议等)事项,向老板汇报相关的事项也放在这个版块，每次会议前后进行汇报。

2. 运营端事务：主要包括运营相关（含直播部门）、新媒体相关（含抖音部、小红书组、社群组）、视觉相关事项，每月上新、各种活动、整个项目进度管理等，主要对接的部门也是这几个部门，这是工作的重点。

3. 产品端事务：主要包括对设计部、产品部、技术部的工作管理。（这是以服装公司为例的，产品从设计到大货生产整个链路的管理，可根据各个公司产品调整。）

4. 服务端事务：主要包括对仓储部和客服部的工作管理，从产品大货入库、发货，到客服部的接待和售后管理。

5. 其他端事务：主要包括外部的平台会议、行业会议和外部合作等，主要是对外的事务。

这样将全年的工作拆分到每个月的行事历后，全年工作就有了一个统筹规划。制作好月行事历后，再将工作拆分到周计划，就又一次将目标工作进行分解。每一个月结束后，根据目标重组的情况对下一个月的月行事历进行修正、重组或增加。

可复制的月度复盘
——通过月复盘反思总结并计划下月工作

1. 为什么要做月复盘？

每一次上新都是一场战役，是一次团队协同作战，这场战役能否胜利直接决定了全月目标的完成与否。月复盘的作用就是对每月的战役做一次总结：哪些做得好、应该继续保持？哪些地方还有提升空间？下一步的行动是什么？

2. 月复盘的侧重点是什么？

月复盘的侧重点在于找出可提升的空间，以及明确下一步行动。同时这样的复盘能增加团队作战能力。一个团队要开展大量的协同作战，如果每次战役店铺都能有组织、有计划、有复盘、有落地，长此以往，整个团队的协同作战能力将越来越强。

复盘后，如果月目标完成得比较好，可以组织一次小团建，这些互动能让团队以及整个公司的合作氛围越来越好。

3. 如何做好月复盘？

关于如何做好月复盘，我将之前在女装店工作时整合的两个工作模板分享给大家，这两个模板分别适用于月单次上新复盘和整月复盘。

需要解释一下，月复盘是由电商经理组织的，同时各部门也需要针对自己部门的上新或大促工作进行复盘。这里讲的主要是电商经理的总复盘，至于营业额目标是否达成，具体由运营部门提出为什么达成或为什么没有达成。

模板分析：2021 年某公司的电商经理对上新单次活动的复盘（图 4-3）

单次上新复盘在一些电商服装公司比较多，如果不是电商服装公司，也可以以一次活动大促为复盘对象。这些都是一次次小战役，但所有的大胜利的基础就是一次次小胜利。

下面我就来解释单次上新复盘模板。一般上新复盘的时候，行政部门不需要参与。整个上新复盘以 GMV 目标为主，这次 GMV 目标是否达成将直接决定月 GMV 目标是否能达成。

第 4 章
掌握可复制模板，让电商经理工作事半功倍

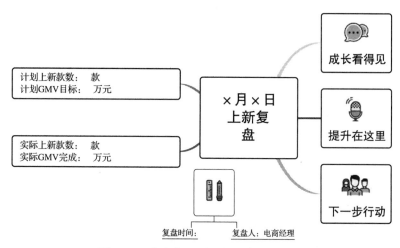

图 4-3　电商经理对上新单次活动复盘

在图 4-3 左边部分，将计划上新款数、计划 GMV 目标与实际上新款数、实际 GMV 进行对比。左边这两项列出之后，我们就能一目了然地知道是否达成目标。

在图 4-3 右边部分，列出上新和大促的小战役复盘的具体内容，主要包括以下三点：

第一点，成长看得见。这部分主要是从电商经理的角度来讲各部门做得好的点，并将其归类为产品端、流量端、转化端来进行梳理。

产品端涉及的部门包括设计部、产品部、技术部；流量端涉及的部门包括运营部、新媒体部、视觉部；转化端涉及的部门包括运营部、新媒体部、视觉部、客服部、仓储部。

第二点，提升在这里。这部分主要是从电商经理的角度来讲这次各部门在哪些方面还有提升空间，同样将其归类为产品端、流量端、转化端来进行梳理。

第三点，下一步行动。这部分主要是从电商经理的角度来讲复盘后各部门要具体落地的事项,依然将其归类为产品端、流量端、转化端来进行梳理。

这里我只罗列出了各部门的复盘要点,复盘的具体内容就围绕第2章和第3章中提到的电商经理需要具备的能力展开。这也是为什么我从书的一开篇就在强调,作为电商经理必须同时具备专业能力和管理能力。

电商行业和传统行业最大的区别在于,电商经理必须拥有战略和战术共通的能力,必须自己全部都懂,与时俱进地跟上互联网的步伐,可以不具体操作,但对整个链路上的每项工作重点都要了然于心。唯有如此,才能带领团队实现目标。

模板分析:2021年某公司的电商经理月复盘(图4-4)

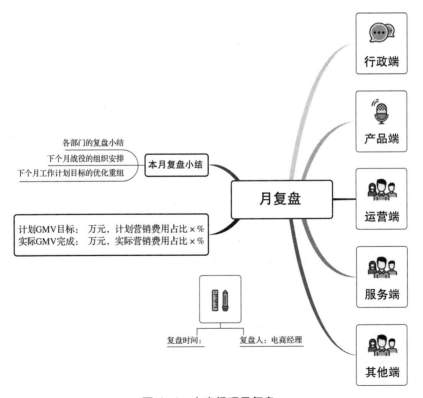

图4-4 电商经理月复盘

月工作复盘与上新(单次活动)复盘的区别在于,月工作复盘涉及全公司所有部门并和月工作计划相呼应。

我的习惯是将月复盘分成以下三个版块:

第一版块:对比计划 GMV 和实际 GMV,计划营销费占比和实际营销费用占比。首先要了解本月是否达成目标,为什么能够达成、为什么没有达成,哪些方面做得好、哪些方面还有提升空间,下一步怎么落地会更好地实现规划目标。

第二版块:以电商经理月行事历的五个部分为复盘点,然后按上新复盘模式展开每个点,包括"成长看得见""提升在这里"和"下一步行动",以这样的框架结构开展复盘工作。行政端的工作中财务部分和向老板汇报部分需要单独沟通。对于其他端的外部环境和行业会议,大家可以一起讨论与传达。

第三版块:主要是电商经理的小结。因为月度复盘是电商经理和部门主管共同进行的,但是这个复盘模板只从电商经理的角度进行,所以在每个部门主管复盘好之后,由电商经理进行小结。之后各部门重新调整自己的月度计划,准备下个月的战役。

每月复盘是大部分公司都要进行的。作为电商服装公司,因为中间有一场上新战役复盘,所以月复盘倾向从全局出发,会比上新复盘的涉及面更广一些。

可复制的工作周报
——通过写工作周报进行一周工作反思

1. 为什么要做工作周报?

工作周报是电商经理工作工具体系的一部分,做工作周报能让自己一周的工作非常清晰。一份完整的工作周报包括本周计划、本周复盘和下周计划。

周计划看似很小,但却是实现全年大目标很重要的一环。我们要实现一个年度大目标,最正确的方法就是将宏大的年计划拆解落地到每月、每周,做到有计划、有执行、有复盘,层层分解又层层递进,最后才有可能实现总年度目标。

2. 工作周报的侧重点是什么?

工作周报的侧重点有三个:一是本周计划的具体事项;二是本周复盘,总结这周工作当中有没有达成周目标,以及一些对管理提升的反思;三是下周计划,根据上周计划和复盘,以及月计划,制订下周计划,在一定程度上进行目标重组和修正,做到对自己全年的工作把控更加心中有数。

一个月分成四周,有了月行事历,再将月行事历的事项分配到周工作中去分解成周目标,这个周目标是为了达成月目标服务的。

周复盘是为了更好地完成本周工作的检查和反思,以便更好地做好下周的工作。

模板分析：2021年某公司的电商经理工作周报（图4-5）

第一部分：本周工作计划

本周工作计划和月行事历是配套的，将月行事历的事项拆分到每周工作中。

第二部分：本周工作复盘

本周工作复盘需分成三个点：遇到的问题、收获的新知、本周关于如何使经理工作发挥更大的价值的反思。

遇到的问题：包括目标有没有达成；过程中有没有遇到问题或困难——这里主要是指周工作中落实这些目标和事项遇到的问题；遇到的问题有没有解决，已解决的是怎么解决的，未解决的需要怎么样的干预能解决，或者需要请示的，将这些内容全部放在这个部分。

收获的新知：任何人在自己的岗位上都有不足，作为电商经理，应把一周中学到的新知，或是会议中领悟到的内容，或是本公司的同事间的学习，或是通过外部的人脉学习到的知识等，以及有助于在这个岗位上做得更好的新知写在这个部分。

本周反思：主要是反思电商经理工作的成果，并将如何发挥出全公司各部门的效能、各部门可提升或者能落实的事项写在这个部分。

第三部分：下周工作计划

下周工作计划和本周工作计划是一样的，只是在下周复盘时将这块内容复制，并对事项完成与否进行打钩和备注。

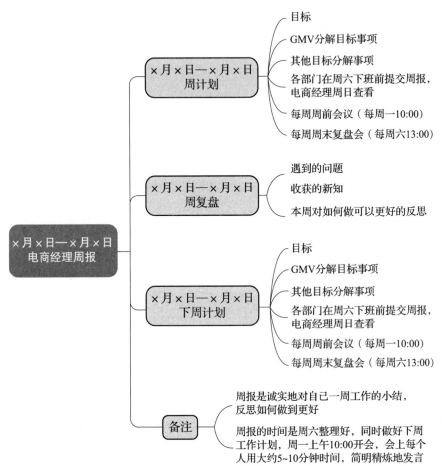

图 4-5 电商经理工作周报

可复制的工作日报
——通过写工作日志反思提升工作效率

1. 为什么要做工作日报?

工作日报可以让我们每天起床时就知道今天的目标是什么;每晚坐在办公桌前复盘当天有没有完成目标;反思实际的工作时间和计划有哪些出入。如果每一天做不好,那么每周目标就无法完成;每周工作完不成,就会影响月目标;月目标完不成,年目标自然也不可能完成。

工作日报是整个系统工具里最小的单位。想要按计划实现一个大目标,就要把目标分解到每月、每周、每天,并进行复盘、重组和调整。

将全年规划分解到月计划,并进行月复盘;将月目标分解到周计划,并进行周复盘;再将周计划分解到日计划,并进行日复盘。层层分解,有战略、有计划、有目标、有实施、有落地、有复盘,每天形成一个闭环,每周形成一个闭环,每月形成一个闭环,直到实现全年目标,并对全年工作进行复盘。

2. 工作日报的侧重点是什么?

复盘一天计划的时间分配与实际使用的时间是否一致,是工作日报的关键点。每个人的时间是一样的,但时间的使用效率却大相径庭。因此,我们要不断地提升自己的时间使用效率和做事的专注力。其实,将每日计划列成清单并不难,只要将周目标进行分解就行。其难点和侧重点就在于,时间的分配管理和有效使用。

当然，在工作中一定会遇到实际情况和计划有出入的情况，我们只要在当天工作结束后进行对照，然后反思改进，或是下一次调整计划即可。

比如，原计划的会议时长是 1 个小时，结果在会议中因为意见不统一或准备不够充分，导致会议耗时 2 个小时，同时还未取得结果。这就需要在每日反思中复盘并记录原因，之后整理成一个不再犯错误的事件回顾。

再比如，按计划今天要完成 10 件事，但最后只完成了 9 件，我们就要去反思是时间不够用还是安排得不合理。

这些需要我们不断地调整，然后制定出和预估时间基本一致的每日计划工作时间安排。

模板分析：2021 年某公司的电商经理工作日报及当日反思（图 4-6）

我习惯把每日工作分成以下六个部分：

第一部分：今日工作清单

第二部分：今日公司会议

第三部分：今日外部安排

第四部分：今日汇报工作

第五部分：今日时间安排

第六部分：今日工作反思

第一部分：今日工作清单

今日工作清单是把周工作计划中的事项分解到每天。一般是在周六或周日完成周复盘，制作好周计划后，开始分解周计划目标的事项，并提前布局到周一和周日的工作清单中，标注事项 1、事项 2、事项 3 等。

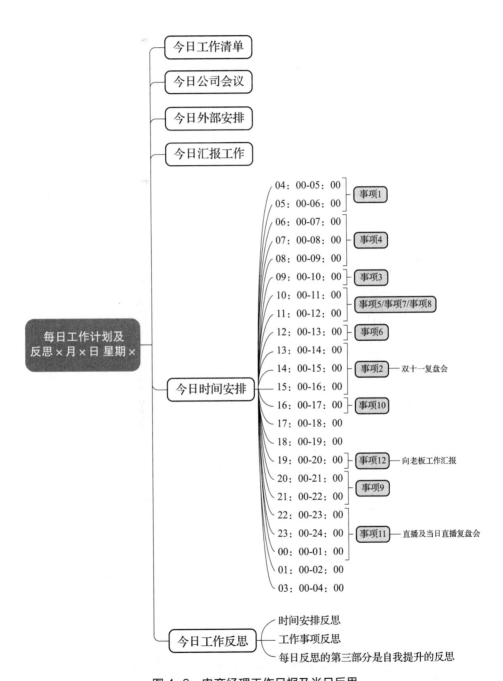

图 4-6 电商经理工作日报及当日反思

第二部分：今日公司会议

今日工作清单中已经包含了今日公司会议，单独罗列出来，是为了突出会议的安排。

第三部分：今日外部安排

今日外部安排和今日公司会议一样，已写入今日工作清单。因为其比较重要同时也不允许遗忘，所以需要单独整理出来。

第四部分：今日汇报工作

这个部分通常是临时增加或提前一天预约的，不是每天都有的，主要是向上级或者老板汇报工作，根据组织架构安排。

第五部分：今日时间安排

今日时间安排是每日工作计划的重中之重。它关系到我们的时间有没有被合理安排、工作是否高效开展。我的习惯是按小时排，因为女装涉及晚上的直播，所以我经常会在凌晨直播结束后进行复盘。我的时间安排会计划到凌晨4点，这里大家可以根据自己实际工作时间进行调整。

我们要想有效地将每个事项排到相对应的时间里，并根据计划高效达成，在于平时对时间安排和时间预估能力的训练。

第六部分：今日工作反思

今日工作反思一般包括三个部分。一是对时间管理的反思；二是对工作事项的反思；三是对自我提升的反思。每日反思是必不可少的，这样才能不断精进。

时间管理反思：把计划和实际情况进行对照，反思自己是否在预定时间里完成了预定的事项安排，如果没有完成，是因为预估时间不够，还是有临时的事项打断，并在第二天的时间安排中进行完善。尽量做到在预估时间内完成，记录并分析时间安排的准确性，这样，我们对时间的把控会越来越精准。

工作事项反思：完成一项任务就在后面打钩，未完成的需要解释未完成的原因是什么并进行反思。好的和不好的都要进行记录，好的维持，不好的改进。

自我提升反思：每天给自己一个绝对安静的时间反思是非常有必要的。思考自己有没有将精力集中在作为电商经理这个岗位的贡献上；有没有充分发挥自己的效能；有哪些需要改进的地方；怎样更好地调动团队积极性等。电商经理工作的产出是各部门主管产出的总和，电商经理要杠杆式撬动部门主管发挥人的效能，将产出最大化。

当自我提升反思结束后，再把明天的工作计划重新安排好，并完成明日时间安排。这样第二天一早起来，就能非常明确地知道当天的工作是什么，并迅速开启高效工作的一天。

可复制的年终复盘
——对照规划闭环思维去进行年终复盘

1. 为什么要进行年终复盘会？

作为电商经理，主持召开年终复盘会是工作中必不可少的部分。

通过年终复盘会，电商经理首先能听取全公司各部门主管的年终部门复盘汇报，了解全年工作目标是否达成。其次能知晓各部门存在哪些问题，需要公司提供哪些协助才能更好地达成目标。最后，各部门所有的复盘都将为电商经理进行下一年度规划提供数据支撑。

2.年终复盘会的侧重点是什么？

年终复盘会是双向沟通的会议，各主管需要根据年初规划目标对自己部门的工作进行复盘——有没有完成；没有完成的内部原因是什么、外部原因是什么；内部原因造成的问题怎么解决；外部原因造成的问题需要什么协助等。

电商经理则要对各部门的业务非常熟悉，特别是对运营端的每一项数据了然于心，自己事先将全局复盘一遍，并将一些问题点记录下来，在会议上用数据说话。

年终复盘会流程

第一步：各部门进行全年的复盘，对照计划进行复盘

第二步：电商经理对每个部门的复盘进行点评，并补充

第三步：老板参加复盘会或者单独听取电商经理汇报

案例分析：2021年某公司的年终复盘会流程

主题：2021年度××公司年终复盘会

会议时间：2021年12月10日

主要流程分为三步

第一步：各主管汇报部门年终复盘

各部门提前制作部门全年复盘会PPT，并进行自己的讲解，对目标是否达成进行分析，要分析内部原因和外部原因。

第二步：电商经理对部门复盘做小结和补充

1.对每个部门在复盘中做得好的进行记录并表示肯定，做得不好的提

出改进方案，如果现场不能完成，移到会议后单独跟进。

2. 分析这一年的 GMV 目标是否达成，达成了或者未达成的原因和应对策略。

3. 根据这一年的观察评价这一年每个部门的工作成效，哪些做得好，哪些还有提升空间，哪些需要跟进落地。

4. 电商经理与主管进行双向沟通。这部分主要是针对外部原因，即各部门内部不能自己解决的、需要公司提供协助的事项，如果会议上不能解决就移到会后。

第三步：电商经理对复盘会做小结并将复盘成果整理汇报给老板

年终复盘中，运营工作的复盘尤为重要。因为它不只是一年的运营数据总结，更决定了下一年公司的目标方向。那么，运营部门应该如何开展公司的全年运营工作的复盘？

案例分析：2021 年某公司的运营部复盘

附：主题：2021 年度 ×× 公司运营部复盘

制定时间：2021 年 12 月

主要框架为：

1. 全年各季度、月度销售额目标复盘

2. 全年的营销推广费复盘

3. 全年的上新节奏复盘

4. 全年的营销活动复盘

5. 全年的上新品类与产品布局复盘

6. 全年的会员营销活动复盘

7. 全年的产品策略复盘

8. 全年产品清仓节奏与库存率指标复盘

9. 全年的 SVIP 会员营销活动复盘

10. 全年的重点指标复盘（访客数、UV 价值、成交金额、客单价、转化率、流量渠道等）

通过运营主管的复盘，将主营目标 GMV 以及店铺的各项重点指标都非常清晰地展现出来，与年初规划对比进行年终的复盘，并从"成长看得见""提升在这里""下一步行动"三个角度来对本次复盘进行总结。

可复制的节奏图表
——利用甘特图对项目进行节奏把控

1. 为什么要用甘特图做项目节奏把控？

我经常把一个工作项目比喻成一次战役，那么给团队的作战目标和指令就需要非常明确。电商经理要对一个项目进行分解，落实到各部门的具体负责人身上。这种指令如果只在开会时口头传达，就容易出现各部门之间断档、信息有误等情况，同时彼此也不知道上一个事项是哪个部门在什么时间完成的。但如果用甘特图来把控项目节奏，那就能很好地避免这些问题。

用甘特图进行项目管理需要注意以下三个内容：①分解目标要明确责任人和完成时间；②要保证项目涉及的每一个人都在这个表内，这样所有人都能知道需要在什么时间点完成什么任务；③保证无论是电商经理还是项目跟进人，都能一目了然且清晰地跟进整个项目的具体进展，最后实现目标达成。

2. 甘特图的侧重点是什么？

甘特图需反映出项目要落地的事项和时间节点，这些只要在事先分解目标时进行表格填充就可以，其侧重点是方便电商经理或者项目负责人跟进整个项目。

电商经理对项目进行管控的过程，不是布置完就等到结束那天看完成度，而是在该项目进行到 20%~30% 时摸底了解，如果此时碰到困难，可以一起解决；在该项目进行到 40%~50% 时进行全面管控了解，如果遇到问题，协助团队成员扫除障碍，继续向目标前进；在该项目进行到 70%~80% 时再次全面管控了解，并预估项目完成度，做最后的努力以达成目标；在该项目进行到 90%~100% 时，通过数据就能看到整个项目的达成度，带领团队成员集体做一次复盘，以便下次更好地进行项目管理，这里尤其要进行时间管控复盘。

模板：××公司××活动各部门管控进度表（表4-1）

表4-1　××公司××活动各部门管控进度表

部门名称	实施事项	责任人	开始日期	结束日期	天数	2021年9月						
						14	15	16	17	18	19	20
总经办	项目启动	电商经理	9/14	9/16	3	■	■	■				
	项目跟进											
	项目复盘											
运营部	具体事项1	运营主管							■	■	■	■
	具体事项2											
	具体事项3											
	具体事项4											
	具体事项5											
	具体事项6											

（续）

部门名称	实施事项	责任人	开始日期	结束日期	天数	2021年9月						
						14	15	16	17	18	19	20
×部门	具体事项7	××主管										
	具体事项8											
	具体事项9											
	具体事项10											
	具体事项11											
	具体事项12											
×部门	具体事项13	××主管										
	具体事项14											
	具体事项15											
	具体事项16											
	具体事项17											
	具体事项18											
	具体事项19											
	具体事项20											

项目管控进度表一般由运营主管制定，电商经理审核并跟进管控各个节点进度。

3. 项目管控进度表怎么看？

项目管控进度表的横向表示时间，纵向第一列为具体部门、第二列为落地事项、第三列为责任人、第四列为开始时间、第五列为结束时间、第六列为天数统计、第七列开始就是具体的时间轴日期排程。我们可以在右边的时间栏标注出这项事务所需要的时间，并标上颜色。

4. 项目管控进度表怎么用？

首先，运营部主管制作项目管控进度表，在制作过程中要了解各部门实际情况，并以倒推项目截止时间的方式来制定每一项事情开始和结束的具体时间。

运营部主管制定好后，电商经理查看进度表，并开会向全公司传达，明确各部门、各责任人在这一次战役中负责的事项和时间节点。

期间，电商经理要管控各部门的进度，使全体协同作战，最后完成总目标。

管控根据项目进度分为四个节点：20%~30% 第一节点、40%~50% 第二节点、70%~80% 第三节点、90%~100% 第四节点。因为管控就是为了防止目标无法达成，如果制定好目标后不去跟进，等到计划截止当天，做什么都来不及了。

可复制的会议模板
——让会议有效、高效进行并达成会议目标

1. 为什么需要会议模板？

作为电商经理，开会不仅是必不可少的，而且在全年工作中占比很大。而会议是达成某个目标的工具，所以要不断提炼形成模板，让会议有效且高效地进行。

2.会议模板的侧重点是什么？

会议模板的侧重点就是从准备会议到会议进行再到会议结束的过程中，让准备时间减少，同时牢记会议目标。这也是本章的核心。

3.如何制定会议模板？

我们可以整理出经常要开的会议，并将其形成模板。同时，梳理会议形式、熟练掌握会议工具、修正会议模板，根据自己的需求进行调整，重点就是让会议目标明确并高效达成。

会议模板可从以下三个方面来提炼：

1.会议形式

第一种形式是例会。比如周会、周复盘会、月会、月复盘会、季度会、季度复盘会、年工作会议、年度复盘会……这类固定要开的会议已经进行了多次，所以会议目标肯定是非常明确的，同时流程也一定是可复制的。因此，可以按形式来决定如何准备这场会议。

第二种形式是临时会议。比如为解决某一个问题临时发起的会议。临时会议由电商经理发起或者由相关部门的主管自行发起。因为电商是高效运营的，所以会议除了常规固定的会议外，这样的临时会议可以由任何人发起并组织，主要是一些跨部门的协作沟通。只需要在线上明确会议要解决什么问题，邀请某部门××参加，并确定好时间和地点即可。

第三种形式是一对一会议。一对一会议一般由电商经理和主管一对一进行，主管和部门人员也会进行一对一会议。一对一会议主要针对某部门的一些问题进行。会议只要提前与电商经理和部门主管约好时间即可，一对一会议能更有针对性地解决单个部门的问题。

2. 会议工具

（1）线上会议：比如腾讯会议 App、视频会议 App 等。

（2）内部线下会议：提前预定会议室，这样避免大家同一时间选择同一会议室。

（3）外出会议：比如团建、年会、年复盘会这类会议不会安排在公司召开，有的会交给专门做团建的公司去安排。这样做一方面可以换个环境促进各部门交流和成长，另一方面也让大家更重视这次会议。

3. 会议模板

没有特殊情况的时候，将会议分成三个部分即可。

（1）会前

会议主题：（根据实际填写）

会议时间：（明确开会时间）

参会人员：（明确参会人员）

会议地点：（明确会议地点）

会议形式：（明确线上还是线下）

提前准备：（明确会前要准备的资料）

（2）会中

会议目标：列出会议的目标，围绕会议目标依次进行讨论

会议议程：明确几点到几点讨论哪些事项、解决哪个目标

会议纪要：由人事部作会议纪要

（3）会后

传达纪要：将本次会议纪要及一些不能解决的问题一并记录下来并传达给部门主管

可复制的公司内训
——通过培训帮助同事提升，发现更多可能

1. 为什么要有公司内训？

互联网行业的更新迭代非常快，在2013年我刚开始做电商的时候，很多大学都还没有开设与电商有关的专业。截至2021年，全国已有563所高校开设电子商务专业，20所高校开设电子商务及法律专业，7所高校开设跨境电子商务专业。电商行业从业者，无论是经理、主管还是普通员工，都要拥有持续不断的学习能力。

实际上，现在各大电商公司的高管都觉得自己良将不多、兵力不足。毕竟电商行业是一个新兴行业，无论是多大的电商公司，都依然存在这样或那样的问题，所以一定要增加公司内训，自己来练兵。

此外，对于现在的年轻人来说，愿意在一家公司工作一般基于两个原因：一个是在这里工作能拿到可观的报酬；另一个是在这里工作能学习成长。所以，公司内训能促进员工职业发展。

我在前几章中不断强调，电商经理需要具备专业能力的同时也一定要具备管理能力。虽然公司也可以请培训机构对公司员工进行培训，但如果电商经理本身具备这个能力，那他就是最合适的讲师人选。因为电商经理最了解公司,并且电商经理本身也应该成为大家的榜样。

2. 公司内训的侧重点是什么?

第一,公司内训要有组织、有计划、有目标、有落地、有复盘;第二,公司内训要避开工作时间,特别是电商经理的培训可以放在晚上,比如以晚自修课堂的形式开展;第三,公司内训不要流于形式,培训内容一定是可以运用到工作中并能提升工作效能的。课程结束后,可以让同事匿名评价,也可以让人事部做培训调研,从而更好地服务于下次培训。

公司内训主要包括三类:

新人培训:由人事部负责进行。

赋能培训:由各部门主管进行。

主题培训:由电商经理进行。

1. 新人培训

负责人:人事部主管

培训内容:

(1)公司制度(上下班时间、考勤、请假等基本制度)

(2)企业文化的培训

(3)由主管带领新人了解工作流程和岗位

如果新人是与公司价值观相符的人,那么人事部应该让他迅速了解公司的工作流程和工作规范,让新人能更深入地了解公司,也能体现人事部的关爱。

2. 赋能培训

负责人:各部门主管

培训内容：

（1）由主管制定培训方案：本次培训的目标、方法、交流、复盘，形成一个闭环

（2）主要针对专业能力提升开展培训

这类培训是针对部门的，整个培训有规划地进行，电商经理一般是配合部门主管赋能于部门同事，提升本部门工作效能。这样的培训最好安排在淡季进行，因为强度会比较大。

下面我以某公司的"9月大练兵"赋能培训为案例，为大家讲解一下赋能培训的要点。如图4-7所示。

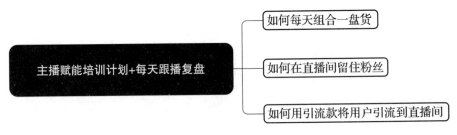

图4-7 "9月大练兵"赋能培训

"9月大练兵"直播部主播赋能培训计划

目标：对直播整体流程的学习和提升，同时培训效果要落地到每个主播的提升

方法：

（1）集中授课，进行理论知识培训

（2）每天跟播，与主播进行一对一复盘，并提出可以落地的点

（3）通过一个月的大练兵，再集体用数据复盘直播结果

"9月大练兵"直播跟播复盘如表4-2所示。

表4-2 "9月大练兵"直播跟播复盘

日播直播间复盘					
主播：		副播：	运营：		场控：
本场销售额：			本场涨粉数：		
最高在线		互动率		涨粉	
累计观看		分享次数		GMV	
阶段	关键点	类型	如何做到	打分（满分5分）	提升方案
看见想进来（进入率）5秒内	直播间画质	高清			
	直播间布置	产品包围型			
		"高大上"专业型			
		突出主播型			
	主播的特色	美丽			
		可信			
		个性			
		其他特色			
	选品与展示	日推款			
		爆款			
	其他	在线人数多			
		看别人刷评论			
进来了就不想走（停留时间）	他想要产品	主播讲解			
		产品展示			
	他想要福利	人少做抽奖			
		人多做秒杀			
		关注有好处			

直播部门的赋能培训计划,从通知启动到排班跟播、实施一对一复盘、提出可以落地执行的事项,再到集体对培训提升后的直播数据进行复盘。通过这次培训,整个直播团队的个人能力得到了提升,也鼓舞了直播团队的士气。

3. 主题培训

这类培训以主题的形式进行,全公司任何人都可以参加。这种培训与人事部配合,纳入人事部培训事项。

在这一类培训中,我们会发现很多员工有不一样的兴趣,也能发现学习能力强的员工,这些都是非常有价值的可以了解员工的方法。

比如下面这个"晚自习课堂",就是我之前在某 3C 数码公司发起的以电商基础运营技能提升为主题的培训。如图 4-8 所示。

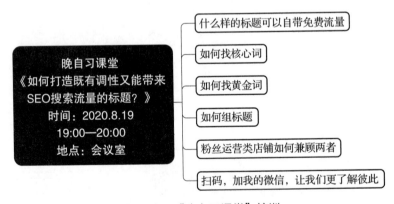

图 4-8 "晚自习课堂"培训

××公司晚自习课堂

解决搜索流量:

有调性又带自然搜索流量的标题到底怎么做?

主讲人:电商经理 ××

目标：针对搜索流量低的问题，通过这次关于标题的培训让我们的店铺的标题又有调性又自带 SEO 搜索流量

必参加学习人群：商品运营、推广、助理、运营主管必须参加；公司其他感兴趣人群均可听课

地点：会议室

时间：2020 年 8 月 19 日 19：00—20：00

参加"晚自习课堂"的人需自主完成一个标题，通过审核后，由公司颁发"××搜索达人"称号。

这样的学习，不仅能调动全公司的学习积极性，而且能提升整个公司员工的运营水平，还能在培训中发现员工的更多可能性。

可复制的面试模板

——熟悉公司基层人员招聘面试流程

电商经理招聘员工时至关重要的是先亲力亲为，特别是当要开拓一个新领域时，自己首先要对相关业务比较熟悉和了解，亲自跑通流程。只有自己经历过了，才会知道什么样的人是合适的。

很多公司拓展新业务时会在两种方案中进行选择，第一种是招聘整个团队，第二种是外包。

但我的建议是，如果公司年营业额在 1 亿元之内，在开拓所有新业务时要先自己组建一个小组进行测试。等把所有流程跑通后，自己才清楚整个流程中到底需要什么样的岗位，每个岗位的工作量是多少，工作的核心

是什么。

招人可分为三种类型：公司高层人员的招聘、公司中层人员的招聘和公司基层人员的招聘。

1. 公司高层人员怎么招？

招聘公司高层人员，最合适的方法是通过人脉去找。关于人脉的话题，我在最后一章有提及，这里就不展开说明。一般高层主要由老板负责招聘，电商经理主要负责中层和基层招聘，以及新业务的拓展。

2. 公司中层人员怎么招？

公司中层人员一般会比较稳定，但依然会有离职的情况。因此，我们需要在组织架构中安排一些储备干部，从基层往上提拔人，培养储备人才，因为这样的人员更懂公司的整体的文化和流程。另外，电商经理要在日常工作和培训中多留意公司员工，这样也能发现人才。

3. 公司基层人员怎么招？

关于基层人员的招聘，我做了一个招聘面试模板。因为基层人员的招聘事项和流程会稍微多一些，所以要把一些关键程序用模板归纳好，这样思路也会清晰和流畅。

基层人员要离职或者增加人员规模，一般由主管和人事部招聘补充。

首先主管要对自己的业务非常专业，对本部门业务要亲力亲为，对每一个岗位都非常熟悉，然后才会知道什么样的人适合这个工作岗位。

另外，不要一有人离职就招人，而是看看这项工作能否由别人取代。这个问题在大公司经常出现，当一项工作被划分到很细时，需要的人会越来越多。但如果这个工作是独立经营核算的组织模式，瞬间就能减少很多人力,且完全不会影响工作进度。

当然这里也要强调,一次的裁员人数不可以太多,否则原来的运行会出现问题。所以只有了解每个工作的要点,才能很好地把控人员数量。

基层人员招聘面试模板如图4-9所示。

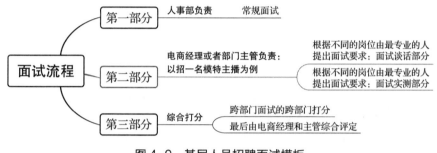

图4-9 基层人员招聘面试模板

基层人员面试一般分三个步骤。下面我以淘宝店铺招聘模特主播为例,对模板进行解析。

第一部分:了解学历、年龄、工作经历等基本信息,由人事部负责面试,先筛选一遍

第二部分(以淘系模特主播为例,主要看以下几个方面):

(1)审核面试者的平面照片,主要看她对衣服的驾驭能力。

(2)审核面试者的短视频,主要看她的视频表现力。

(3)现场让面试者挑选一些新品、进行搭配和拍摄,主要看模特的穿搭能力。

(4)了解面试者的风格喜好,如网红和明星里喜欢哪些人、平时关注什么,因为她自身喜欢的比较容易成为她的模仿对象,她会往那个风格发展。

(5)了解面试者喜欢的服装品牌,了解她的时尚关注度。

（6）了解面试者现在有的账号是哪些，真正想录用该面试者时需要进一步测试其账号粉丝是否活跃。

（7）了解面试者有无其他签约公司，防止录用一些已签约的模特引发纠纷，当然这条在合同内也会表述清楚。

（8）了解面试者现在有无自己的店铺和公司。

实拍部分（测试面试者的拍摄表现）：

（1）对镜自拍。

（2）公司摄影师拍。

实播部分（测试面试者的直播能力）：

现场直播测试（略）

第三部分：综合评定

在面试中有跨部门面试的，进行综合评定，对不同部门给面试者的打分进行对比。

第 5 章

构建和维护社会资本,让电商经理工作如鱼得水

平台资源
合理利用平台资源产生价值

作为一名电商经理,除了要具备专业能力、管理能力这些工作所需要的能力外,更要拥有作为一名公司管理者的属于自己的资源。这就是我说的平台资源。

我从最开始的电商小白成长为电商经理,一路走来,在工作和学习中都会接触很多和这个行业相关的平台。通过这些平台,我不仅提升了能力,而且从中获得了很多资源和价值。

1. 一洋电商平台

一洋电商是从事电商培训的一家教育培训机构。我开始学习电商时,最先接触到的就是一洋电商。通过这个平台,我认识了我在电商行业的第一位导师——刘永刚老师。当时我学习了他的1500节课,同时将自己的问题进行整理并去当面请教老师。

一洋电商平台给我带来的价值:①获得了电商知识和技能的提升;②学而优则教,成为了一洋电商的实战型讲师;③在这个平台收获了来自全国的 1500 名付费学员；④成为了一洋电商杭州服务站负责人；⑤为深圳 3C 数据标杆电商做企业内训；⑥从传统电商学习进入抖音电商。

2. 青创客平台

2019 年，我在樊登读书平台认识了畅销书作家张萌老师，之后就加入了张萌老师的青创客。青创客品牌包括青创繁星和青创智选，都是张萌老师公司旗下助力青年成长成功的创客平台。

青创客平台给我带来的价值：①个人 IP 品牌打造能力系统的学习和提升；②思维、定位、共赢、战略方面的能力学习和提升；③政策经济等宏观层面信息的动态了解和学习。

3. 阿里系平台

从开始进入淘系电商，到成为 KA 商家的运营人员，我变得有更多机会对接淘宝平台客服。

阿里系平台给我带来的价值：①最先了解平台的行业会议和动向；②通过这个平台链接到了同行商家的电商总经理和电商运营总监，互相讨论共存问题，取长补短，提升自我；③组织 KA 商家的活动，同行是竞店也是友店，大家对于平台的需求是一致的，双向的交流沟通可以讨论出最优的一些方案。

4. 抖音系平台

2021 年，我带领公司转型做抖音，对接了抖音平台客服。

抖音系平台给我带来的价值：①在入驻抖音时得到一些平台扶持，帮助商家更好地入驻抖音；②获得优秀的主播和达人资源的对接；③对团队抖音版块运营给予指导。

5. 拼多多平台

2021 年，我又开拓了拼多多市场，并与拼多多平台客服接触。

拼多多平台给我带来的价值：①第一时间参加类目客服组织的一些行业会议，最先了解动态和方向；②参加一些内部的分享，同时也会第一时间了解整个平台的走向，比如拼多多是非常注重农业版块的，对接到农业版块类目负责人时，他会给很多具体的建议。

6. 杭州女装商会平台

2020 年，我作为电商事业部经理参加了杭州女装商会的年会。

女装商会平台给我带来的价值：①认识了杭州女装商会的秘书长和副秘书长，获得了行业内人脉拓展；②通过这个平台认识了很多品牌女装商家的总经理和创始人；③通过这个平台参与了优秀女装品牌公司的内部学习。

突破圈层

突破圈层能带来的社交价值

1. 为什么要突破圈层

如果一个人一直在一个圈子或者一个圈层里，那么他的发展是有瓶颈的。我们需要改变和突破。突破就像是打开一扇新的窗户，当你打开这扇窗，你会发现一个你从未见过的世界。

2. 如何突破圈层

突破圈层的关键在于两点：第一点是要知道自己在什么时候需要突破

哪个圈层；第二点是谁能帮自己突破圈层。

圈层是指在平台里已经圈定起来的一个人脉网。前面我提到过，一个电商从业者需要三个平台——电商平台、行业平台、学习平台。这三个平台分别对应三个圈层：电商平台的圈层、所在行业的圈层、电商学习的圈层。

（1）在什么时候需要突破圈层？

成为电商经理后，我们最需要拓展的是所在行业的圈层，要在这个圈层将自己的人脉进行拓展，比如同行业的品牌创始人和总经理圈层。

当有一些新的电商知识和技能出现时，我们也要第一时间学习和掌握，这就需要在电商学习的圈层将自己的人脉进行拓展。比如当抖音出现时，我们要第一时间去了解抖音学习中最优秀的平台和老师。

如果要进入一个新电商平台领域，那就要拓展这个新领域的平台资源，让自己最快速、最高效地入驻平台。

这些平台，无论是资源还是人脉，对于电商职业经理人都是非常重要的。我将这些统称为行业圈层和跨行业圈层。

比如你需要招一个中高层管理人员，那么整个圈层资源都能利用。而且这些平台经常会举办行业会议，在行业会议中进行交流，也能得到一些最新的行业发展动态。

（2）谁能帮自己突破？

关于这个问题，很多人会觉得无从下手，找不到突破口。那是因为之前没有对人脉资源进行整理。

其实人与人存在着一种关系链，任何一个人想要认识到世界上的某个人都是可能的。虽然认识并不代表有价值，但这至少是第一步。

那么如何实现这一步呢？就是对自己现有的人脉和现在需要的人脉以及未来储备的人脉进行梳理。

（3）现有的人脉资源清单。

分别按序号、平台、姓名、联系方式、住址、工作地址、生日、爱好、家人进行整理。这些信息尽可能详细，然后写出我能为对方提供什么，因为任何一种关系，都需要先想到自己能提供给对方的价值，然后才是对方为我提供什么。

1）现在需要的人脉资源清单——重要紧急

分别按序号、平台、姓名、联系方式、住址、工作地址、生日、爱好、家人进行整理。这些信息尽可能详细，然后梳理出我需要这个资源做什么、我能通过谁链接到这个资源。

2）未来储备的人脉资源清单——重要但不紧急

分别按序号、平台、姓名、联系方式、住址、工作地址、生日、爱好、家人进行整理。这些信息尽可能详细，标明这个资源能为我带来什么、我如何链接到这个资源。

这样梳理后，你就会知道自己要突破什么圈层，然后从现有的平台人脉资源中找到一位能带自己进入另一个圈层的人。这个人就是你生命中的贵人。

关于遇到贵人后怎么做，也就是如何进行人脉维护，我放在了下一节。

3.突破圈层能为我们带来什么样的社交价值？

（1）以人为师

圈层突破意味着你能看到更多比自己优秀的人，记得要以学生的心态去向他们学习。

（2）认知能力

身边的六个人决定自己的认知能力。在一个圈子久了，我们或多或少都会停滞。但当我们跳出现有的圈层后，就会看到更优秀的人。这时，我们能清晰地看到自己与别人的差距，知道自己需要努力的方向，提高自己的认知水平。另一种升级办法是读书。读书就是你可以跨时代、跨国界地和任何一位作者交流，甚至可以自己有选择性的交流。

（3）生意思维

为什么20%的人可以掌握这个世界80%的财富？因为这20%的人有着很多人没有的生意思维。思维方式决定行为。虽然成功不可复制，但思维方式可以学习。电商职业经理人要学会从老板或者创始人的角度去进行思考，去培养自己的生意思维。

（4）跨界学习

有一种圈层突破是需要跨界的。跨界看起来有难度，但其实跨界后你会发现，很多事情是相通的。当你打通这些圈层后，有一些资源最后能为你服务。

（5）资源共享

资源共享很好理解，就是大家在这个层级了，手上肯定都有资源积累，资源之间就可以互补共享，让这些资源发挥出最大的价值。

（6）错位交流

电商经理一般专业能力更强，那么当他与一些创始人交流的时候，就可以讲自己更擅长和专业的东西。而在生意思维上，创始人和老板一定比电商经理更强，这时候就是相互间的错位交流、各取所长了。

（7）更多机遇

当你认识了很多优秀的人之后，你的机会自然就会更多。当然前提是你必须足够优秀，否则认识谁都没有用。

人脉维护

维护人脉，建立有价值的社交

通过平台资源和突破圈层，我们链接到了人脉，我们在梳理人脉的过程中找到核心人，这个核心人就是带你进入"另一个世界"的人。当你突破原先的圈层，获取的信息和人脉都将和以前不同，而人脉是需要存储和维护的，这样当有需要时便能用上。

既然人脉维护是电商经理非常重要的一项工作，那我们应该怎么做呢？

首先是在自己的人脉库中梳理人脉；其次是将人脉进行分层、备注和管理；最后是对人脉实施具体的维护动作。

1. 在自己的人脉库中梳理人脉160人

我认为一个人维护好与160人的人脉关系是比较合适的数量。如果人脉资源只存在于脑海中，无法进行系统化管理，我们很容易疏忽或遗忘。因此，当有了一定的人脉，就要有意识地进行梳理，将所有的人脉整理并对每个人脉做备注。

一圈人脉10人：这里是自己非常关注的人，包括家人、爱人，因为如果没有家人和爱人的支持，事业就不能很完善地发展。所以一圈人脉，更多的是家人至爱、挚友和贵人。

二圈人脉 20 人：这里才算真正意义上的社交人脉，这一圈人脉是对事业非常有帮助的人，也是平时最接近的人。

三圈人脉 30 人：这里是一些不常见但对自己事业至关重要的人。

外圈人脉 100 人：这里是储备人脉，不确定哪天会用到的资源，但先存储好。

这个人脉圈，最好每年进行一次整理。

2. 将人脉进行分层备注管理

当我们进行了人脉圈分层后，就需要开始详细备注管理。第一步录入系统，第二步详细备注，以便第三步的执行。

比如，将人脉按圈层进行分类并备注，按与自己的关系进行分类并备注。打个比方，某个人对自己来说是最重要的，那就将其归为一圈人脉，这样的人我们需要对他的一切非常了解，并做好详细记录。现有人脉分别按一圈人脉、二圈人脉、三圈人脉、外圈人脉进行归类。

3. 执行动作是对人脉进行维护

1）针对一圈人脉，我们每个月要看一下这圈人脉中需要进行的事项，比如家庭旅游、陪父母体检等。

2）针对二圈人脉，我们可以在某些节日时进行拜访，拜访的过程中礼尚往来是一种礼节，但这里需要做到的是用心。

3）针对三圈人脉，因为不能天天见面，定期安排聚会就是一个很好的方式。一来大家可以联络联络感情，二来也可以交流目前的行业动态和一些工作心得。

4）外圈人脉属于储备人脉，所以不需要像上述三种人脉一样维护，只需要保持适当的互动和沟通即可。不管什么样的社交，前提都是先想到自己能提供给对方什么。

同时，人脉维护是一个变化的过程，需要每年进行重新梳理。因为所有的关系都需要维护，所以建立记录并分类后，就可以按不同的分类进行维护，同时继续拓展需要的人脉，不断累积和迭代。

当我们对自己所有的人脉资源进行整理和记录分类后，我们的社会资本也就构建起来了。